# 5 ESTRATEGIAS PARA LOGRAR SU VISIÓN DE FUTURO

Versión ampliada con nuevos enfoques

Número de Control de la Biblioteca del Congreso de EE. UU.:      2013907022
ISBN:              Tapa Dura                          978-1-4633-5571-5
                   Tapa Blanda                        978-1-4633-5573-9
                   Libro Electrónico                  978-1-4633-5572-2

**Para realizar pedidos de este libro, contacte con:**
Palibrio
1663 Liberty Drive
Suite 200
Bloomington, IN 47403
Gratis desde EE. UU. al 877.407.5847
Gratis desde México al 01.800.288.2243
Gratis desde España al 900.866.949
Desde otro país al +1.812.671.9757
Fax: 01.812.355.1576
ventas@palibrio.com
464069

# El poder
# está en ti...

Estás hoy donde tus pensamientos
te trajeron, estarás mañana
donde tus pensamientos te lleven.

*~James Allen, As a man thinketh*

# 5 ESTRATEGIAS PARA LOGRAR SU VISIÓN DE FUTURO

Cómo utilizar sus talentos para obtener resultados extraordinarios en su *vida*.

## ÁNGEL L. DE JESÚS

# Reconocimiento

A DIOS, por permitirme vivir una vida rica en experiencias y aprendizajes que ahora puedo compartir con otras personas a través de este libro y medios similares.

A mis padres, Flora y Modesto, que me formaron sobre las bases del amor a DIOS; me inspiraron y proveyeron los medios para superarme en la vida.

A Eneida, mi amada esposa y maestra, cuyo amor, enseñanzas y aportaciones han enriquecido en grande mi vida.

A mis hijos, Ángel, Eduardo, Pepe, Vivian y Evelyn, y mis nietos, quienes llenan tanto mi vida y contribuyen a mi felicidad.

A mis compañeros de misión en People´s Advantage, quienes son ejemplo de dedicación y siempre están a mi lado para apoyarme en todo proyecto que emprendemos.

A Haydee Enríquez y Janette Díaz, mis grandes amigas y excelentes profesionales que desinteresadamente aportaron su valioso tiempo para revisar y proveer retroinformación sobre el contenido de este libro.

# ¿Por qué este libro?

El propósito esencial de este libro es proveerle ideas, estrategias y métodos que le ayuden a concienciarse del poder de su mente y sus talentos, maximizando su uso para lograr aquello que más valora y desea en la vida. Luego de dedicar la mayor parte de mi vida profesional al desarrollo del recurso humano en diferentes tipos de organizaciones, no tengo la menor duda de que existe una gran oportunidad para la mayoría de las personas de lograr mejores resultados en sus vidas a través de un mayor conocimiento de sí mismas y un mejor uso de sus talentos y habilidades.

Este planteamiento no es únicamente producto de mi experiencia en el campo de desarrollo del recurso humano. También, está sustentado por estudios realizados por científicos sociales, que coinciden en que la mayoría de las personas no utilizan al máximo su potencial. En el campo de los negocios, hay diferentes tipos de estudios que muestran que la mayoría de los ejecutivos y gerentes encuestados están de acuerdo en que la productividad empresarial podría aumentar hasta un 40% si las personas estuvieran realizando trabajos que le permitan utilizar al máximo sus talentos naturales en un entorno laboral que propicie el hacer bien sus tareas y disfrutar lo que hacen.

Todo esto me lleva a concluir que existe una gran oportunidad para la mayoría de las personas de obtener mayores beneficios del conocimiento y uso apropiado de sus talentos y habilidades. Ayudar a las personas a lograr este objetivo es la razón de ser de este libro.

# ¿Qué beneficios obtendrá del estudio de este libro?

**A través del estudio de este libro, podrá obtener los siguientes beneficios:**

1. Conocer sus talentos y habilidades, y aplicarlos para aprovechar oportunidades conducentes al logro de sus metas y visión de futuro.
2. Identificar acciones e iniciativas estratégicas que le permitan alcanzar el estado que usted desea para su persona y su trabajo.
3. Identificar las competencias (actitudes, conocimientos y destrezas), estilos de comportamiento y factores motivantes que necesita para lograr su visión de futuro.
4. Administrar efectivamente su tiempo, talento y tesoro en función de su visión de futuro.
5. Aumentar su capacidad de respuesta al entorno que le rodea para aprovechar oportunidades y superar los retos que se le presenten en su caminar hacia el logro de sus metas.
6. Utilizar siete principios para aumentar su efectividad personal en escenarios de cambios constantes e incertidumbre.
7. Utilizar principios de mercadeo para promover su carrera y hacer realidad sus aspiraciones profesionales.
8. Focalizar sus esfuerzos y energías hacia el logro de lo que realmente es importante y significativo en su vida.

Lograr los beneficios antes indicados, requiere que desarrolle la voluntad, tenacidad y disciplina para explorar otras formas de pensar y actuar conforme a las estrategias, enfoques y metodologías que le recomiendo en este libro.

También, presupone que tenga la apertura adecuada a la posibilidad de realizar cambios significativos en aquellos comportamientos que puedan constituir un impedimento al logro de los resultados personales y profesionales que desea. No es posible obtener resultados diferentes y mejoras para su beneficio haciendo las mismas cosas, de la misma manera.

Para lograr la efectividad necesaria en la utilización de las estrategias y metodologías que propongo, es necesario estar dispuesto a reconocer objetivamente lo que no está funcionando adecuadamente y darse la oportunidad de tratar formas diferentes de pensar y hacer las cosas. Igualmente, será importante reconocer aquellas cosas que le están funcionando excelentemente y construir sobre ellas en su caminar hacia el logro de mejores resultados.

Es posible que en este punto usted se pregunte: ¿por qué tanto énfasis en la necesidad de cambiar? Una razón es que como seres vivientes somos parte de la naturaleza. De modo, que estamos regidos por sus leyes y procesos de vida. La naturaleza nos exige evolucionar y ajustarnos al medio ambiente. El cual está cambiando continua y aceleradamente.

La revolución tecnológica está ocasionando una revolución social, que a su vez, nos condiciona a cambiar para ajustarnos a los nuevos escenarios en que nos desempeñamos. Esto nos obliga a desarrollar nuevas actitudes, conocimientos y destrezas para mantenernos competitivos y asegurar el logro de nuestras metas en un entorno donde las reglas de juego han cambiado radicalmente. El no hacerlo implica estancarse, quedarse atrás y estar obsoleto.

# Metodología del libro

ste libro le llevará a realizar un proceso de introspección, cuestionamiento y reformulación de premisas importantes que le ayudará a crear una nueva visión de futuro, tanto en su vida personal como profesional. Existe la posibilidad de que esto sea algo nuevo para usted. En este caso, recuerde que cuando intentamos algo por primera vez nos cuesta mucho trabajo, después fluye con claridad y control. Sentimos que dominamos la materia y este entendimiento nos da confianza. Cuando poseemos la confianza que nos provee el dominio del conocimiento, actuamos apropiada y efectivamente en función de lo que queremos alcanzar en la vida.

Con el objetivo de facilitar el logro de los resultados que usted espera del estudio de este libro, el contenido del mismo se presenta en forma sencilla y metódica a base de ejercicios prácticos e ilustraciones. Esto le permitirá utilizar su tiempo efectivamente y obtener mayores beneficios del proceso.

El proceso de aprendizaje le permitirá identificar sus intereses, estilos, motivaciones, necesidades, barreras interiores y deseos que intervienen en su desempeño a nivel personal y profesional. En ambos niveles podrá establecer sus metas y estrategias, analizar sus capacidades, y recursos requeridos para alcanzarlas y hacer un plan de acción realista para lograr su visión de futuro.

Un elemento esencial del proceso de aprendizaje es la preparación de su perfil personal de estilos de comportamiento. Sería un gran avance en su desarrollo el complementar los ejercicios que provee el libro para estos fines con el Sistema de Perfil Personal DISC® de la compañía Inscape Publishing Co. Éste puede adquirirlo a través de Internet www.peoplesadvantage.com.

El perfil DISC® le permitirá identificar sus atributos, fortalezas, motivaciones y áreas de oportunidad de mejoramiento en función de su quehacer profesional y sus metas personales y profesionales. El mismo puede usarlo para su desarrollo personal y en cualquier proceso de planificación de carrera que escoja, ya sea por su cuenta o con un coach profesional.

La utilización del instrumento DISC® obedece a que el proceso de desarrollo que presenta el libro tiene como piedra angular el autoconocimiento. Estudios en el campo de desarrollo del recurso humano comprueban, cada vez más, que las personas exitosas son aquellas que mejor se conocen a sí mismas y utilizan las oportunidades emergentes en su entorno.

El autoconocimiento es la base de una buena planificación y administración de su vida, tanto personal como profesional. Al completar este proceso, tendrá más claras sus metas, sus fortalezas, necesidades de desarrollo y el plan que deberá seguir para lograr los resultados deseados.

**Versión ampliada con nuevos enfoques**

## Lo nuevo en esta segunda edición

En esta segunda edición del libro se incluye una sección nueva titulada "Afina tu mente". En la misma ofrezco al lector conceptos, métodos y técnicas para optimizar el uso del recurso más valioso que tiene el ser humano: su mente. Utilizando este conocimiento, el lector podrá entender mejor cómo funciona su mente y concienciarse del poder que tiene la misma para convertir en realidad aquello que anhela para su vida. Además, adquirirá el conocimiento necesario para manejar efectivamente su mente, controlar sus miedos y eliminar creencias que podrían erosionar y limitar el uso de su potencial y talentos naturales. Este contenido se presenta bajo los siguientes subtítulos:

- La mente: su recurso más valioso
- Aprenda a manejar su mente para lograr resultados positivos en la vida
- Trascienda las creencias limitantes
- Trascienda el miedo al fracaso

Me pareció propio añadir este contenido porque la implementación exitosa de las 5 estrategias para lograr su visión de futuro que presenta el libro requiere el uso óptimo del potencial humano, el talento y las capacidades de desempeño de la persona. Máxime en un momento como el actual en que nuestro mundo anda en un proceso evolutivo tan dramático y acelerado que los seres humanos apenas podemos sostener el ritmo de cambios y transiciones que se originan diariamente.

Esto se hace todavía más complejo porque los procesos de cambio en nuestro entorno usualmente vienen acompañados de mensajes de miedo y amenazas de que algo grave va a pasar si no se actúa de tal o cual manera. En este proceso somos continuamente bombardeados con profecías de desastre o fracaso para motivarnos a actuar de determinada manera. En mi forma de verlo, esto no es otra cosa que motivación por miedo.

Estos miedos no controlados o manejados incorrectamente, al igual que las creencias limitantes, se convierten en destructores de sueños, potencial y talento. A esos efectos, creí propio incluir algunas herramientas que ayuden al lector a optimizar el uso de sus capacidades mediante el manejo eficaz de su mente, sus miedos y creencias limitantes.

## Una historia de éxito

A manera de testimonio de cómo el conocerse a sí mismo, estar consciente de los talentos naturales que se poseen y vencer el miedo al fracaso trae grandes beneficios a nuestra vida. Relataré a continuación una breve historia de éxito de un joven participante de uno de nuestros programas de desarrollo profesional. Este joven era vendedor de enciclopedias de una empresa multinacional. Formaba parte de un grupo de vendedores que nos fue asignado para desarrollar un proceso de aprendizaje y desarrollo de actitudes y destrezas en el área de ventas. La primera parte del proceso consistió en que cada participante identificara sus estilos de comportamiento, fortalezas y áreas débiles y preparara un plan de desarrollo individual en el área de ventas. Para ello, se utilizó un instrumento hecho por expertos del campo del comportamiento humano, el cual lleva al participante a través de un proceso de autoconocimiento de sus patrones de comportamiento, fortalezas, factores motivacionales y barreras que podrían estar obstaculizando el logro de un mejor desempeño. El instrumento usado es el Sistema de Perfil Personal™, ampliamente conocido como DISC®.

Luego del análisis individual de los resultados de la administración del instrumento, cada participante preparó su plan de desarrollo ayudados por los facilitadores del proceso. Este plan tendría que ser implementado en su vida personal y profesional tan pronto el grupo se reintegrara a su trabajo regular. Además, el proceso incluyó una serie de actividades de seguimiento para ayudar a los participantes a lograr la implementación exitosa de su plan de desarrollo y la aplicación de lo aprendido a su función de ventas.

Habían transcurrido casi dos años, cuando el joven objeto de esta historia, llamó a nuestra oficina. Me dijo que la razón de su llamada era invitarnos a cenar como agradecimiento a nuestra contribución a sus logros personales y profesionales después de haber pasado por nuestro proceso de desarrollo. Naturalmente, aceptamos su invitación y fuimos a cenar. Luego de tomar nuestros alimentos y conversar, nos relató lo siguiente sobre el impacto positivo que tuvo en su desempeño la experiencia de aprendizaje y el desarrollo que adquirió con nosotros.

"Hace apenas unas semanas tuve la enorme satisfacción de ganarme el premio mayor que otorga mi compañía a su fuerza de ventas. Mi desempeño en ventas fue tan superior que el Vicepresidente de Mercadeo y Ventas de la compañía matriz, vino a la ceremonia de entrega de premios y personalmente me entregó el reconocimiento como el vendedor de mejor desempeño en muchos años. Se refería a que mis ventas en el último año sobrepasó el total de ventas del equipo completo compuesto por 12 vendedores."

"Gran parte de este logro, continuó diciendo, se lo debo al proceso de aprendizaje y desarrollo en ventas que ustedes nos ofrecieron. Al concluir el primer día del proceso, comencé a repasar y reflexionar sobre los resultados del instrumento, Sistema de Perfil Personal™, que ustedes me administraron para identificar atributos y patrones de comportamiento. Me di cuenta que verdaderamente tenía los atributos que se necesitan para ser un vendedor de excelencia. Esto reafirmó mi confianza en mí. Pero entonces me pregunté: ¿por qué si tengo los atributos necesarios para ser un excelente vendedor, nunca he logrado ser el vendedor de mayores ventas en los ocho años que llevo en la compañía? Observé de inmediato que cada año mantenía el primer lugar en ventas durante los primeros 8 o 10 meses y al final terminaba en segundo o tercer lugar. ¿Por qué? Conseguir respuesta a esta pregunta fue lo que me motivó a reunirme con ustedes aquella noche del primer día de adiestramiento y tratar de entender mejor mis resultados del Sistema de Perfil Personal™ en relación a mi trabajo en ventas.

Luego de conversar con ustedes, aquella noche, llegué a la conclusión de que la razón por la que no llegaba primero en ventas era porque le tenía miedo al éxito. Los trabajos durante el segundo día de adiestramiento me ayudaron a conseguir soluciones a mis limitaciones y a generar ideas sobre cómo utilizar al máximo mis atributos y fortalezas para lograr mi meta de ser el vendedor de mayores ventas en la compañía. El resto es historia."

## Factores de éxito

En esta historia son evidentes cuatro factores claves para el éxito de este joven. El primero es la actitud de apertura o receptividad del joven a la posibilidad de que el proceso de aprendizaje y desarrollo al que fue invitado por la compañía podía realmente ayudarle a ser una mejor persona y un mejor vendedor. Es decir, vio una oportunidad para conseguir herramientas que pensó le ayudarían a superarse y lograr sus aspiraciones.

El segundo factor de éxito fue su claridad en cuanto a la meta que quería alcanzar en su carrera profesional: ser el vendedor de mayores ventas en la compañía.

El tercer factor de éxito fue su valentía al reconocer y aceptar que tenía limitaciones que le impedían tener un mejor desempeño como individuo y como profesional de ventas, las cuales debía superar. Esto conllevó su aceptación de que para lograr resultados diferentes era necesario abrirse al cambio de comportamientos y hacer las cosas de forma diferente.

El cuarto factor de éxito fue la disciplina que ejerció el joven al aplicar exitosamente lo aprendido a su trabajo. Su ejecución del proceso de ventas usando los nuevos conocimientos fue magistral. La anterior historia de éxito es sólo una muestra de cómo una persona puede maximizar el uso de sus talentos naturales y ponerlos a trabajar para su beneficio. Por eso, puedo asegurarle, que si usted realiza el proceso de aprendizaje y desarrollo que sugiere este libro, el resultado final será un mayor conocimiento de sí mismo(a) y una mejor utilización de sus talentos y habilidades en pro de la realización de sus sueños y su visión de futuro.

## Afine su mente

### ¿Qué es tener la mente afinada?

Quizás le parezca curioso el título de esta sección. En verdad, lo escogí más que nada por la palabra "afinar". En el argot musical afinar significa "poner en el tono justo un instrumento musical". Sabemos que por bella que sea una composición musical, jamás logrará su máxima expresión y belleza sin que los instrumentos musicales que la ejecutan estén perfectamente afinados, en el "tono justo".

Igual sucede con nuestro desempeño en la vida. Jamás alcanzaremos nuestro óptimo desempeño y la realización del futuro deseado a menos que nuestra mente esté en el "tono justo"; o sea, centrada, calibrada, sincronizada, balanceada, objetiva y positiva. Pero por encima de todo, conectada con el "alto yo", que es el "ser de luz" donde está la sabiduría divina. Esto es tener la "mente afinada".

### Veamos oportunidades en medio de los retos y las crisis

Cuando se tiene la "mente afinada" de la forma antes indicada, somos capaces de ver más allá de la realidad inmediata, de los problemas y limitaciones aparentes; y empezamos a ver oportunidades, aún en medio de los retos y las crisis. Porque tampoco podemos cegarnos a la realidad. El mundo que nos rodea tiene de todo: oportunidades, peligros, amenazas, hostilidad, escasez, maldad, inseguridad y muchas otras cosas negativas y positivas. Lo importante es reconocerlas y proponerse verlas desde el lado positivo.

No es fácil mantener la "mente afinada". Nuestro mundo está inmerso en un torbellino de cambios provocados por el desarrollo vertiginoso de la tecnología, descubrimientos científicos, cambios dramáticos en la demografía de los países, quebrantos a la seguridad personal y nacional, entre otros. En este escenario de cambios profundos se entremezclan oportunidades, peligros, amenazas y toda clase de emociones, tales como: miedo, incertidumbre, ansiedad, angustia, frustración, esperanza, optimismo, alegría y entusiasmo.

La dificultad estriba, sin embargo, en que la mayoría de las personas están programadas para pensar negativamente cada vez que algo ocurre y desconocen sus consecuencias o desenlace final. Esta programación mental negativa trabaja como una especie de filtro que evita ver las oportunidades y cosas positivas que hay en todo proceso de cambios.

Si preguntamos a algunas personas al azar, ¿cómo están las cosas?, podemos dar por sentado que la mayoría nos contestará algo como esto: "muy mal", "de mal en peor", y en el mejor de los casos, nos dirán: "regular". Habrá otros que digan: "esto está horrible, no hay quién viva entre tanta maldad y hostilidad". Por el contrario, encontraremos otras personas, muy pocas por cierto, que dirán: "hay muchos cambios. Las reglas son otras. En verdad, está difícil, pero hay oportunidades. Es cuestión de buscarlas".

Esta clase de reacciones reflejan el efecto mental y emocional de los cambios que se producen día a día en el mundo cambiante de estas personas. Pero también reflejan que su mente y sus emociones están cargadas hacia el lado negativo, lo cual refleja desbalance entre lo positivo y negativo que hay en todo proceso de cambios. En este sentido tienen su "mente desafinada", lo cual les impide ver las oportunidades existentes en el entorno.

Pero, la realidad es que hay elementos positivos y negativos en el torbellino de cambios que nos rodea. Por lo tanto, es necesario que adiestremos nuestra mente para identificarlos, analizarlos y ponderarlos en forma balanceada. Al así hacerlo, encontraremos que en la mayoría de las veces, los elementos positivos exceden los negativos. Lo que sucede es que los incidentes negativos, en igualdad de condiciones, nos impactan más fuerte y dejan huellas más profundas que los incidentes positivos. Este efecto negativo es, con frecuencia, reforzado por el bombardeo continuo de noticias negativas de los medios de comunicación, en los cuales es raro encontrar noticias positivas. Esto "desafina" nuestra mente al cargarse con elementos negativos del medioambiente noticioso, los cuales de tanto repetirse se van grabando en nuestra mente subconsciente.

Con el objetivo de crear consciencia y ver en forma más balanceada los elementos positivos y negativos que están presentes en nuestro entorno, repasemos brevemente algunos sucesos y avances importantes de los últimos años. Ponga en la balanza los efectos positivos y negativos que emergen de los mismos. Luego llegue a su propia conclusión. ¿Hay razón para estar temerosos, pesimistas y angustiados o deberíamos estar más optimistas? ¿Cuál es el efecto de estos sucesos en nuestra mente? ¿Está nuestra mente adecuadamente "afinada" y armonizada con la realidad de nuestro entorno?

Empecemos por el lado positivo. Aquí tenemos avances y acontecimientos, tales como: la actual revolución digital, la cual ha hecho posible la telefonía móvil, la intensificación del uso del internet, los teléfonos y computadoras con pantalla táctil, consolas de video juegos, pantallas planas de TV de alta definición, cloud computing (nube), navegación GPS (Global Position System), conexiones inalámbricas a internet y las redes sociales.

En el campo de la tecnología espacial tenemos adelantos, tales como; el aterrizaje en Marte de la sonda estadounidense Phoenix y el descubrimiento de un nuevo planeta (OGLE), el cual tiene características similares al Planeta Tierra. En el campo de la medicina tenemos avances que permiten, por ejemplo, cirugías virtuales, identificación de causas genéticas de enfermedades comunes, detección y tratamientos noveles de diferentes tipos de cáncer, el uso de células madre y muchos otros más que no menciono para ser breve.

En el lado negativo, tenemos acontecimientos y situaciones que han marcado negativamente la psiquis de billones de personas en el globo. En esta categoría están los actos terroristas que ocurren continuamente en todas partes del mundo y que tuvieron su clímax el 11 de septiembre del 2001 con el ataque a las Torres Gemelas en Nueva York. En el ámbito económico, está la crisis financiera mundial que se inició en septiembre del 2008 y que todavía perdura. Crisis que ha afectado severamente a cerca de 100 mil entidades financieras en todo el globo, incluyendo la quiebra del cuarto banco de inversiones más grande del mundo: Lehman Brothers.

¿Ha pensado cómo cada uno de los anteriores acontecimientos y avances tecnológicos han marcado nuestra forma de pensar, sentir y actuar? ¿Tenemos la misma forma de pensar, sentir y actuar luego de haber vivido la experiencia del 911, la crisis bancaria del 2008, el uso de la tecnología digital, el uso intensivo del internet y la creación de las redes sociales?

Definitivamente, nuestra psiquis no es igual luego de pasar por los efectos de toda esta infinidad de acontecimientos y cambios en nuestro entorno. La buena noticia es, sin embargo, que a pesar de las incomodidades sufridas en el proceso de cambios y el pesimismo que imperó en los momentos de crisis, la realidad es que los elementos positivos excedieron los negativos y que en la suma y resta ahora estamos mejor que antes; aunque siempre habrá quien diga lo contrario.

### La mente: su recurso más valioso

Lo anterior nos enseña que hay que aprender a vivir exitosamente en la ebullición de cambios que caracteriza nuestro entorno. Ya lo dijo Charles Darwin en su teoría de la evolución de las especies:

## "No es la especie más fuerte la que sobrevive, tampoco la más inteligente. Sobrevive la que mejor se adapta a los cambios".

En este proceso de sobrevivencia mediante la adaptación a los cambios de nuestro entorno, el recurso más poderoso que tenemos a nuestra disposición es la mente. Ahora bien, para cosechar buenos resultados la misma tiene que ser adiestrada para que siempre se mantenga "afinada", trabajando en el canal positivo, centrada y sin distracciones hacia lo negativo.

La mente es responsable de tantas funciones en nuestra vida que es extremadamente difícil concebir una definición que exprese claramente el poder de nuestra mente. Es imposible llegar a una definición que satisfaga a todos. Pero en lo que sí hay consenso es que es sumamente poderosa y que es el recurso más importante que tiene a su disposición el ser humano para cumplir con la misión que tenemos en este planeta.

La mente tiene, entre sus muchas funciones, las de crear pensamientos, entendimiento, creatividad, aprendizaje, raciocinio, percepción, emoción, memoria, imaginación, regulación de funciones de nuestro cuerpo y muchas otras más capacidades que apenas estamos conscientes.

Pero, ¿usamos nuestra mente a capacidad? Estudios realizados por científicos de este campo dicen que no. Aunque hay mucho debate en cuanto a qué por ciento de las capacidades de la mente realmente utilizamos, hay quienes estiman que es apenas el 10%. Pero para evitar entrar en este debate, sí podemos estar de acuerdo en que tenemos muchas capacidades en nuestra mente que no usamos por desconocimiento o por no estar conscientes de ellas. Lo cual es una gran oportunidad que está en nuestras manos aprovechar para lograr nuestra visión de futuro y tener una vida plena.

Esto será más evidente si piensa en la mente como una inmensa base de datos, en la cual se almacena infinidad de información, experiencias, emociones, sentimientos, aprendizajes, creencias, hábitos, en fin, todos los datos producidos por nuestras vivencias.

Algunos científicos estiman que aproximadamente el 90% de esta base de datos está en nuestra mente subconsciente y el 10% restante en nuestra mente consciente. Si aceptamos como cierta esta premisa, entonces hace sentido pensar que estamos frente a la posibilidad de una enorme subutilización de nuestras capacidades mentales.

La mente subconsciente regula y mantiene funcionando nuestras funciones involuntarias del cuerpo, tales como: la respiración, latidos del corazón, circulación de la sangre, metabolismo, movimiento de los ojos y muchas otras más. La mente subconsciente no piensa, no razona, no delibera, sencillamente actúa en "piloto automático". No tenemos control de ella. Pero al mismo tiempo, es extraordinariamente poderosa porque, como veremos más adelante, determina en última instancia el desarrollo de nuestra vida.

La mente consciente, por el contrario, es experta en lógica y razonamiento. Es el sitio donde tienen lugar el razonamiento y el pensamiento. Es la mente consciente la que analiza información, procesa datos y actúa como guardián de la puerta que conduce al subconsciente. Es en la mente consciente donde está la oportunidad para crear pensamientos, imágenes, símbolos y afirmaciones positivas que podemos enviar al subconsciente para que éste las grabe en su inmensa base de datos y eventualmente las convierta en realidad. Conocer a cabalidad cómo interactúa la mente consciente y subconsciente es crucial para poder adiestrar, desarrollar y optimizar su uso. En el siguiente diagrama se ilustra la interacción entre la mente consciente e inconsciente.

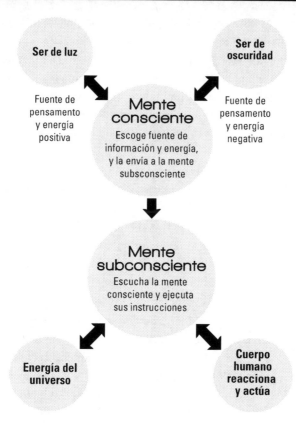

Observe en el diagrama anterior que conscientemente la persona debe escoger entre conectarse al canal de los pensamientos positivos (ser de luz) o al canal de lo negativo (ser de obscuridad). Nadie en su sano juicio querría colocarse en el canal negativo. Pero, cuidado porque podría ser que exista el hábito inconsciente de pensar negativamente, en cuyo caso habría que hacer un esfuerzo consciente para mantenerse en el canal positivo (ser de luz).

Observe, además, que es en la mente consciente donde se recibe, procesa y analiza información y se crean imágenes, símbolos y pensamientos, entre otras funciones. En realidad, la mente consciente es el custodio de la puerta imaginaria que permite el paso de toda información a la mente subconsciente. Lo que significa que si grabamos información, pensamientos, símbolos e imágenes de prosperidad, salud, abundancia y bienestar en la mente subconsciente, su "piloto automático" trabajará poderosamente para hacerlas realidad. Lo opuesto sucedería si los pensamientos, símbolos e imágenes que enviamos a la mente subconsciente fueran negativas, como por ejemplo, pensamientos de pobreza, escasez, fracaso y enfermedad.

El funcionamiento de la mente y su enorme poder como recurso para el desarrollo de nuestras vidas podemos verlo en un caso de la vida real. Se trata de un niño que desarrolló la creencia de que era un pobre lector, que tenía problemas de aprendizaje y que no era inteligente. Esto se reafirmó en su mente cuando recibió un diagnóstico médico a los efectos de que era disléxico.

Leer en voz alta le provocaba temor, sudor frío, nerviosismo, mariposas en el estomago, ansiedad y vergüenza, entre otras emociones negativas. Entre más se apoderaban de él estos sentimientos peor leía. A los 20 años todavía evitaba leer en voz alta. Hasta que un día, ya adulto, decidió que no iba a seguir con ese miedo y esas limitaciones. Sabía que su transformación requería crear consciencia y deseo de cambios profundos en sus creencias, pensamientos y hábitos. Tenía que tomar control de sus patrones de pensamiento y eliminar la negatividad de los mismos.

A esos efectos, cada vez que venía un pensamiento negativo, paraba y cuestionaba el mismo. En ese mismo instante buscaba un pensamiento positivo sustituto. Pero hizo algo más. Decidió que iba a ser un lector excelente y definió en conductas lo que eso significaba. Se visualizó leyendo en alta voz en forma excelente. Luego empezó a hacer afirmaciones y crear imágenes del lector excelente que él sería. "Soy un excelente lector; disfruto la lectura", repetía una y otra vez. Leía y leía sin cesar, hacía afirmaciones todos los días y practicaba… practicaba… practicaba. Cada vez lo hacía mejor y mejor hasta que finalmente alcanzó su meta: ser un excelente lector y hacerlo en voz alta, ante cualquier grupo.

Observe que en este caso la mente del niño estaba inicialmente en el canal de pensamientos negativos, "no eres buen lector...", "no eres inteligente...", "eres disléxico...", "no puedes...", etc. Pero también observe que muchos años después, en su adultez, esa misma persona entró en conciencia de que no podía aceptar esa situación limitante y decidió cambiarla. Es entonces cuando entra al canal del positivismo y comienza a crear imágenes, pensamientos y afirmaciones positivas dirigidas a convertirse en un lector excelente.

También vemos en este caso como la mente consciente hizo su trabajo al dar paso a pensamientos, imágenes y afirmaciones positivas para que las mismas llegaran a la mente subconsciente, se grabaran en ella y formaran parte de su "base de datos". De ahí en adelante, el "piloto automático" de la mente subconsciente se encargó de hacer realidad los pensamientos y el deseo de la persona de ser un excelente lector.

Pero, ¡cuidado! El mecanismo de funcionamiento de la mente que acabamos de observar trabaja igualmente efectivo para el lado contrario. Si en la mente consciente damos paso a pensamientos e imágenes negativas, estas se grabarán en la mente subconsciente y en cuestión de tiempo se convertirán en realidad. Eso fue lo que sucedió inicialmente en el caso del niño cuando sus pensamientos eran negativos y llegó a convencerse de que no era un buen lector e incluso que no era inteligente.

## Aprenda a manejar su mente para lograr resultados positivos en la vida

Es crucial para el éxito de cualquier persona entender el funcionamiento de su mente y saber usarla para obtener los resultados que desea en su vida.

La mente es un don, un recurso extraordinario y poderoso. ¡Pero tan desconocida por tanta gente! Imagine todo el valor que podrían crear las personas en los diferentes escenarios en que se desempeñan si conocieran a cabalidad las capacidades de su mente y aprendieran a usarlas al máximo de su potencial.

Lo que se manifiesta en nuestras vidas es producto del funcionamiento de nuestra mente. Es ella el instrumento creativo que moldea nuestra realidad y trae a manifestación aquello que deseamos y esperamos de la vida. Desde mi perspectiva, veo la mente como un instrumento que Dios nos dio para adelantar su creación. Así de poderosa la veo.

El siguiente diagrama muestra el proceso de cómo las creencias, imágenes y experiencias que están grabadas en nuestra mente subconsciente moldean nuestros pensamientos, los que a su vez producen las emociones, acciones y resultados.

En la medida que las creencias y aprendizajes son positivos, las emociones, acciones y resultados serán igualmente positivos; siempre y cuando la calidad de la ejecución de las acciones sea buena. Tengamos en cuenta, sin embargo, que los resultados que se obtienen en la vida tienen usualmente su génesis en experiencias y creencias inculcadas por figuras de autoridad, tales como: padres, abuelos, maestros, consejeros espirituales, mentores, conferencistas, autores de libros y líderes o personas que admiramos y respetamos. Además, nuestras propias vivencias o experiencias tienen el efecto de formar determinadas creencias y formas de ver el mundo. El reto en este caso es discriminar entre aquellas creencias o formas de ver el mundo que nos impulsan a lograr las metas o resultados deseados y aquellas que son propiamente limitaciones que nos impiden avanzar y lograr resultados. Otro reto es hacer cambios en aquellas creencias que puedan ser limitantes para el logro de los resultados deseados. Esto es difícil debido a que la mayoría de ellas están grabadas en la mente subconsciente. No obstante, más adelante les presento algunas técnicas para hacer cambios en creencias y pensamientos que puedan ser limitantes para fines del logro de sus metas.

La calidad de los pensamientos es otro factor a tener en cuenta porque determinan la calidad de las emociones y las acciones resultantes. La buena noticia en este sentido es que los mismos se producen en la mente consciente. Esto permite un mayor control de los mismos, ya que tenemos el poder de elegir entre pensamientos positivos y negativos.

Los pensamientos producen emociones (alegría, miedo, ansiedad, coraje, frustración, etc.). Si los pensamientos son negativos, las emociones van a ser negativas y, como consecuencia, las acciones y resultados no serán los mejores. Lo contrario ocurre cuando el pensamiento es positivo. Si pienso que "no puedo" porque creo (creencia) que no tengo la habilidad para hacer algo bien, entonces vendrán las emociones de inseguridad y miedo al fracaso o lucir mal. Por el contrario, si creo que puedo hacerlo bien, entonces vendrán las emociones de alegría, entusiasmo y seguridad de que podremos hacerlo bien. Ese fue el caso del niño que creía no poder leer excelentemente y sudaba frío cada vez que tenía que leer en voz alta.

Las acciones son estimuladas por las emociones. Si sentimos miedo a hablar en público, la acción será reusar hacerlo siempre que podamos evitarlo. En el caso del niño que tenía temor a leer en voz alta, su acción era reusar hacerlo. Por eso, es necesario estar alertas a acciones que puedan ser producto de emociones negativas. Acciones impulsadas por emociones no serán buenas e impactarán adversamente los resultados deseados.

Por lo antes expuesto, podemos establecer que cada persona crea su propia realidad y los resultados que cosecha en la vida, sean estos de prosperidad, abundancia, escasez o pobreza. No podemos culpar a nadie, ni a nada, por ellos. Es decir, "somos arquitectos de nuestro propio destino". Ya lo dijo James Allen, autor del libro As a man thinketh (1948): "Estás hoy en donde tus pensamientos te trajeron; estarás mañana donde tus pensamientos te lleven".

**Trascienda las creencias limitantes**
Crear la visión de futuro (Estrategia 1 del libro) requiere salirse de la zona cómoda, hacer cambios profundos de paradigmas y reinventarse. Esto en una sola palabra es transformación. Lo que significa comenzar por un cambio profundo de creencias y pensamientos y estirarse más allá de la zona cómoda de las creencias actuales.

Todos tenemos, en mayor o menor grado, creencias limitantes que en una forma u otra nos detienen en nuestro intento de alcanzar logros importantes para nuestras vidas. Esas creencias limitantes pueden ser, por ejemplo, acerca de lo que entendemos se necesita para triunfar, tener dinero, ejercer algunas profesiones, pertenecer a ciertos grupos y hacer ciertas cosas. A modo de ilustración, le diré que he conocido personas con creencias limitantes que solían expresarlas en frases, tales como: "los ricos ya están hechos, ¿para qué esforzarme?", "no tengo lo que se necesita para ser exitoso en los negocios", "tener aspiraciones muy elevadas es invitar al fracaso", "pedir ayuda es cosa de débiles", y así sucesivamente.

Puesto que las creencias en última instancia determinan el éxito en la vida, es imperativo saber hacer cambios y ajustes en las mismas para alinearlas con las metas y resultados que queremos lograr conforme a nuestra visión de futuro. A esos efectos, el siguiente método puede ayudarle a lograr ese objetivo:

**Paso 1** Haga una lista de las creencias que a su juicio son limitantes para el logro de su visión de futuro o sus metas personales o profesionales.

*Por ejemplo, "solicitar ayuda de otros en mi trabajo es signo de debilidad".*

**Paso 2** Determine cómo las creencias limitantes incluidas en la lista de anterior referencia le impiden avanzar y lograr sus metas y aspiraciones. Establezca el orden de prioridad en que habrá de trabajar la eliminación o ajuste de las creencias limitantes. A esos efectos, escoja 2 o 3 creencias que estén ocasionando el mayor impacto negativo en su desempeño personal y profesional.

*Por ejemplo, "el no solicitar ayuda a mis compañeros de equipo me sobrecarga a tal extremo que tengo que trabajar tiempo extra y mis informes salen atrasados. Mis compañeros me tildan de 'llanero solitario' y de no colaborar y trabajar en equipo. Esto afecta negativamente mis evaluaciones de desempeño y progreso en la empresa".*

**Paso 3** Decida las creencias positivas que habrá de adoptar como sustitutas de las creencias limitantes.

*Por ejemplo, "creo que gestionar la ayuda de otros miembros de mi grupo de trabajo es signo de sabiduría y fortaleza" o "creo que la colaboración y el trabajo en equipo son factores claves para el éxito de cualquier persona".*

**Paso 4** Escriba en una frase u oración la afirmación de la nueva creencia que decidió adoptar en sustitución a la creencia limitante. Esto se conoce como afirmaciones positivas.

*Por ejemplo, "pedir ayuda es de sabios. Hoy buscaré ayuda y colaboración en todo aquello que sea necesario".*

**Paso 5** Lea en voz alta, cada mañana, al mediodía y al atardecer, la aseveración (afirmación) de la nueva creencia. Acompañe la lectura con visualizaciones del nuevo escenario que se creará mediante la nueva creencia. Algunos expertos en este tema recomiendan hacer las afirmaciones por al menos 21 días consecutivos. El propósito es dar oportunidad a que la afirmación pase de la mente consciente a la subconsciente para que se grabe y se convierta en un nuevo hábito de pensamiento.

**Paso 6** Practique el principio de creer para ver y acompáñelo con una buena dosis de fe en sí mismo.

**Paso 7** Celebre sus victorias. No importa si son pequeñas. Hágase reconocimiento. No espere por el reconocimiento de otros.

### Trascienda el miedo al fracaso

En el ámbito de las emociones, el miedo es una de las más destructivas del éxito. Esto lo vimos en el caso de nuestro joven vendedor de enciclopedias que superó su miedo y fue exitoso en su trabajo. Sabemos que hay muchas clases de miedos, la inmensa mayoría de ellos infundados. Es decir, no son una amenaza real a la vida y en la mayoría de los casos, tampoco se harán realidad.

El miedo es una emoción natural, un mecanismo de defensa necesario para la vida. En realidad, no se trata de dejar de tener miedo, sino controlarlo, dominarlo y usarlo a nuestro favor. "Siente miedo y hazlo de todas maneras", dice Susan Jeffers, Ph.D. (1997) autora del libro *Feel the fear and do it anyway*. Este es el verdadero reto.

Puesto que el tema central de este libro es el logro de su visión de futuro, nos enfocaremos en el miedo al fracaso, aunque sabemos que también existe el miedo al éxito. Estamos hablando de uno de los miedos más comunes y dañinos para el desarrollo exitoso de nuestras vidas. El miedo no controlado impide el uso óptimo del potencial de la mente, el talento y las capacidades de desempeño del ser humano.

El miedo al fracaso puede ser tan fuerte e incómodo como el que sentimos al sufrir una experiencia traumática. Las reacciones fisiológicas del cuerpo, en ambos casos, son similares. La excitación resultante de esta experiencia puede llevar a la persona a sentir casi una fobia al fracaso. La respiración se altera, los latidos del corazón y la circulación de la sangre aumentan, se encoge el estómago, suda frío y los músculos se contraen, entre otros efectos. Como es de suponer, se pierde la capacidad para pensar y actuar en forma eficaz.

Este miedo, al igual que tantos otros, usualmente es el producto de creencias infundadas y percepciones alejadas de la realidad que se van incrustando gradualmente en la mente subconsciente, muchas de ellas desde etapas tempranas de la niñez. Luego se van reforzando a través del tiempo. La repetición frecuente de ciertas palabras y frases, a veces inocentemente, tienen el efecto de programar nuestra mente para sentir miedo, ejercer cautela excesiva y rehuir irracionalmente situaciones de riesgo.

En este sentido, ¿quién no ha escuchado frases como las siguientes? "El que vive de ilusiones, muere de desengaño", "no te corras riesgos innecesarios, ve con cuidado, a la segura", "ser exitoso requiere sacrificar muchas cosas", "no lleves la contraria a tu jefe porque vas a salir perdiendo". Imagine la carga de miedo que recibe la mente de una persona que está bajo este bombardeo de mensajes de precaución y cautela.

Por supuesto, no todos los miedos son inculcados de esa manera. También hay otros que se originan en situaciones, circunstancias e incidentes desgraciados que ocurren en nuestro entorno y que nos marcan en forma negativa, tales como: actos terroristas, asaltos, secuestros y crisis económicas, entre otros, los cuales nos inducen a vivir en constante miedo.

Al inicio de esta sección hice referencia a los cambios dramáticos que están ocurriendo en nuestro entorno como resultado de la globalización, avances tecnológicos, peligros y crisis económicas. Pero en la suma de todos estos elementos, predomina el miedo a no poder salir airosos en la batalla de sobrevivencia contra el medioambiente. Esto asusta al crearse la sensación de que no se tiene la capacidad suficiente para sobrevivir. Lo cual llega a un punto crítico donde se comienza a erosionar la confianza en sí mismo.

Entonces el miedo al fracaso, a la desilusión, a sufrir vergüenza o algún otro tipo de daño, se magnifica y se apodera de la mente de la persona. De hecho, el miedo al fracaso es la fuerza de mayor peso negativo en aquellas personas que están funcionando por debajo de su potencial y capacidad de desempeño. En estos casos, el miedo puede, incluso, ocasionar que la persona se fije metas poco ambiciosas o que reduzca sus aspiraciones y entre en negación al momento de definir y establecer su visión de futuro.

Las 5 estrategias para establecer su visión de futuro que presenta este libro no podrían implementarse eficazmente si la persona cae presa del miedo al fracaso. Para evitar que esto suceda, presento a continuación un método de 9 pasos para enfrentar, dominar y superar el miedo al fracaso.

1. Identifique, reconozca y enfrente su miedo. Por ejemplo, temor a hablar en público, dirigir dinámicas de grupo, dar conferencias, dirigir reuniones, hacer presentaciones al jefe, interactuar con personas desconocidas y hablar otro idioma.

2. Identifique la causa u origen de su miedo. Analícelo, busque su origen. A esos efectos, escuche su dialogo interno. ¿Qué le dice? ¿Tiene que ver su temor con creencias y aprendizajes que han pasado de generación en generación en su familia? ¿Es un miedo fabricado por su propia imaginación? ¿Es su miedo un reflejo de falta de confianza en sí mismo(a)? ¿Es producto de falta de información objetiva?

3. Cuantifique la intensidad de su miedo. En una escala de 1 a 10, donde 1 es muy poco y 10 es mucho, ¿en qué lugar de la escala

se ubica la intensidad de su miedo? Describa el escenario y los sentimientos que experimenta en el nivel de miedo marcado en la escala. ¿Cuáles son sus sentimientos en ese escenario?

4. En su análisis sea realista. No minimice la magnitud de su miedo. Nuestra cultura nos condiciona e induce usualmente a ocultar o minimizar la intensidad de nuestros miedos. Nadie en su sano juicio quiere lucir como cobarde o como persona débil. Por eso puede venir la tentación de ocultar o minimizar el nivel de miedo. Eso sería un error. El miedo hay que enfrentarlo tal como es y al nivel que es. De esta forma, el miedo podrá ser controlado y manejado eficazmente.

5. Imagine el peor escenario en que se produce el miedo. Confróntelo. ¿Qué es lo más horrible que puede pasar? Luego, pregúntese, ¿es realista que pase esto? La mayor probabilidad es que nunca pase. Si lo duda, simplemente mire atrás en su vida. ¿Cuántas de las cosas horribles que temió pasarían en determinado momento realmente pasaron? Muy pocas, me atrevo a predecir.

6. Enfrente el miedo recopilando información relevante y datos objetivos que le permitan entender la situación y diferenciar entre realidad y percepción. Un análisis de la situación que le produce el miedo basado en hechos y datos seguramente lo llevará a concluir que había mucho de percepción y que realmente no había tanto que temer.

7. Identifique posibles cursos de acción (plan A y B) para los diferentes escenarios que podrían darse en la situación que produce el miedo. En sus planes incluya un plan de contingencias en anticipación a la eventualidad de que se produzca el peor escenario.

8. Tome acción conforme al plan establecido, el cual estará hecho para lograr el mejor escenario. En este punto le recuerdo el poder de la mente. Haga afirmaciones positivas, cree imágenes y símbolos que den por realizado el mejor escenario y tenga fe de que se va a materializar. Recuerde, el universo premia la acción y la fe. Hay que creer para ver.

9. Celebre cada victoria contra el miedo, aunque sea pequeña. Las grandes victorias son el resultado de las pequeñas victorias.

Aprender a usar eficazmente su mente, le permitirá optimizar el uso del recurso más valioso que posee para descargar exitosamente su propósito de vida. Estar en control de su mente y sus miedos es estar en control de nuestra vida. Manejar eficazmente nuestra mente es manejar eficazmente el mundo que nos rodea. Esto le permitirá ver oportunidades y prosperidad donde otros usualmente ven problemas, amenazas y limitaciones.

Con el poder maravilloso de ese extraordinario recurso que es su mente, debidamente conectada al canal positivo del "ser de luz" que existe en usted, tenga la certeza de que tiene la base que necesita para trabajar exitosamente las 5 estrategias para lograr su visión de futuro. ¡Éxito!

# Estrategia 1

## ESTABLEZCA SU VISIÓN DE FUTURO

"Si puedes imaginarlo, puedes hacerlo".

*Walt Disney*

# ¿Cuál es su visión de futuro?

Antes de comenzar a trabajar con su visión de futuro, tome conciencia de que una visión es la manifestación tangible de un deseo que sólo existe en el plano mental de la persona. Es la habilidad para ver más allá de la realidad presente, crear e inventar aquello que no existe y convertirlo en algo concreto y tangible que apasiona y es fuente primaria de inspiración para las acciones que mueven al ser humano.

La visión de futuro se refiere a la cumbre que usted desea alcanzar en su caminar por la vida y para lo cual se esfuerza y trabaja apasionadamente. Es el estado deseado para su persona, donde usted se sentirá satisfecho como ser humano una vez lo haya logrado. Es algo emotivo y concreto al mismo tiempo, pues incluye metas específicas que usted desea alcanzar para su vida personal y profesional. Su visión de futuro o estado deseado debe proveer respuestas a las siguientes preguntas:

1. ¿Qué espero lograr en 5 años en mi dimensión espiritual?
2. ¿Qué espero lograr en mi dimensión física?
3. ¿Qué espero lograr en el plano personal en 5 años?
4. ¿Cómo serán mis finanzas, mi hogar, mi familia al cabo de ese tiempo?
5. ¿Qué espero lograr en el plano profesional en 5 años?
6. ¿Cuál será mi preparación académica, peritaje técnico y mi puesto en la organización en la cual trabajo?

Al definir su visión de futuro es necesario darse permiso para "soñar", librarse de las creencias, pensamientos y emociones limitantes y hacer una descripción concreta de ese estado deseado que usted anhela como ser humano. Al hacerlo, evita el riesgo de limitarse por sus propios pensamientos sobre lo que entiende es su realidad actual. Más adelante en este proceso, usted tendrá la oportunidad de atemperar sus sueños a las realidades que le rodean. Por ahora, sueñe sin limitaciones y defina los resultados concretos que desea lograr en las diferentes dimensiones de su vida.

Tenga presente que su visión de futuro debe ser clara, precisa y motivante. La mima debe servir de base al establecimiento de una serie de objetivos y prioridades que le provean dirección, pasión y entusiasmo. Debe ser de tal naturaleza, que inspire su vida y, que al mismo tiempo, sea la fuerza motriz que le impulse cada día a poner el corazón y a dar el máximo en todo aquello que emprenda.

Estudio tras estudio se comprueba que aquellas personas que poseen una visión de futuro clara y apasionada, acompañada de metas concretas y un plan de acción realista, son mucho más exitosas. Estas personas, además, suelen comportarse en su vida diaria con mayor sentido de dirección, seguridad y efectividad al aprovechar oportunidades y superar obstáculos en los escenarios donde se desempeñan.

## ¿Cuál es su estado actual?

Luego de establecida su visión de futuro, defina su estado actual en términos de sus capacidades humanas y recursos disponibles para lograrla. En este proceso, usted buscará respuestas a preguntas, tales como:

1. ¿Qué circunstancias personales y profesionales tengo a mi favor que me ayudarán a lograr mi visión de futuro?
1. 2. ¿Qué barreras u obstáculos (mentales, físicos o emocionales) tengo que superar para lograr mi visión de futuro?
3. ¿Qué oportunidades están presentes en mi entorno que puedo aprovechar para lograr mi visión de futuro?

Por ejemplo, si en la dimensión personal su visión incluye completar un doctorado en Gerencia, es necesario que defina su situación actual en términos de su preparación y recursos para lograrlo. En este caso, usted deberá hacerse estas preguntas:

1. ¿Tengo los requisitos académicos necesarios para cualificar para un programa doctoral?
2. ¿Tengo los recursos económicos necesarios para tales fines?
3. ¿Tengo el tiempo requerido para cumplir con las exigencias académicas del programa de estudios?
4. ¿Me permite mi situación familiar cumplir con las demandas del programa?

En la dimensión profesional podría incluir como parte de su visión el alcanzar, en un plazo de cinco años, una posición en el grupo de alta gerencia de su empresa. Esto requiere, al igual que en el ejemplo anterior, que usted defina su situación actual en la empresa en términos de cuán preparado está para ocupar el puesto que desea. Por ejemplo:

1. ¿Tiene la preparación académica, dominio técnico y experiencia gerencial necesarias para ocupar dicho puesto en el plazo de tiempo que se ha fijado?
2. ¿Tiene las competencias (actitudes, conocimientos y destrezas) que se necesitan para ocupar la posición?
3. ¿Existen oportunidades reales de que surja el puesto que usted desea?

Al definir en forma honesta y realista su situación actual y haber establecido su visión de futuro, usted se ha colocado en posición de identificar iniciativas estratégicas que debe realizar para moverse a su estado deseado.

Imagine que su estado deseado incluye ser un ejecutivo de alto nivel en un término de cinco años. Sin embargo, no posee logros importantes que le sirvan de apoyo a sus aspiraciones. Entonces debe preguntarse: ¿qué iniciativas o proyectos va a realizar para aumentar sus posibilidades de lograr el puesto ejecutivo? Estas iniciativas son las que realizará como parte del proceso de moverse de su estado actual a su estado deseado.

> ## "Si crees que puedes, puedes, si crees que no puedes, tienes razón..."
> *Mary Kay Ash*

El siguiente ejemplo le permitirá ver claramente los conceptos antes indicados. También, le servirá de guía para desarrollar el proceso a seguir en la preparación del plan de acción estratégico para alcanzar su visión de futuro, tanto en la dimensión personal como en la profesional.

## Ejemplo de plan de acción estratégico para lograr su visión de futuro

| ESTADO ACTUAL | INICIATIVAS | VISIÓN DE FUTURO (estado deseado) |
|---|---|---|
| **DIMENSIÓN PERSONAL** | | |
| Bachillerato en contabilidad | 1. Estudiar en una universidad prestigiosa donde pueda obtener educación de calidad. | Tener un doctorado en gerencia al cabo de cinco años. |
| | 2. Estudiar a distancia utilizando la Internet. | |
| | 3. Cambiar mi empleo actual por uno que tenga mayor flexibilidad de tiempo para dedicarlo a los estudios y mis ingresos no se reduzcan significativamente. | |
| Desconocimiento del campo de inversiones | 1. Obtener orientación y consejería de un corredor de inversiones sobre este campo. | Tener licencia de corredor de inversiones en un término de 5 años. |
| | 2. Identificar los requisitos de licencia para corredores de inversiones. | |
| | 3. Tomar cursos electivos en la universidad sobre inversiones. | |
| | 4. Tomar cursos preparatorios para el examen de corredor de inversiones. | |
| | 5. Aprobar el examen de reválida. | |

| ESTADO ACTUAL | INICIATIVAS | VISIÓN DE FUTURO (estado deseado) |
|---|---|---|
| Nivel de ingresos de $30 mil anuales | 1. Conseguir un empleo mejor remunerado. | Alcanzar un nivel de ingresos de sobre |
| | 2. Desarrollar una fuente alterna de ingresos. | $100 mil anuales en un término de seis años. |
| **DIMENSIÓN PROFESIONAL** | | |
| Puesto de supervisor del departamento de servicios de apoyo a los corredores de inversiones | 1. Desarrollar algunos proyectos de mucho impacto en mi área de responsabilidad y asegurar visibilidad en la organización. | Ocupar en un término de seis años un puesto ejecutivo a nivel de alta gerencia en una empresa de corretaje de valores. |
| | 2. Conseguir un mentor y algunos aliados(as) en los niveles de alta gerencia para que me apoyen en mis proyectos y en el desarrollo de mi carrera. | |
| | 3. Completar el programa de desarrollo de liderazgo que ofrecen las oficinas corporativas para empleados de mucho potencial. | |

# 7 Principios de efectividad

El proceso antes descrito requiere pensamiento profundo sobre lo que realmente desea para su futuro. También es necesario que identifique sus capacidades actuales para emprender el camino hacia la realización de su futuro.

Esto conlleva un proceso de mucha reflexión, ponderación y toma de decisiones que le afectará no sólo a usted, sino a las personas que le rodean, particularmente a sus seres queridos. De modo que, es importante que dicho proceso sea lo más efectivo posible para asegurar que los resultados sean para beneficio de todos. La práctica consistente de los siguientes 7 Principios de Efectividad Personal, le ayudarán a lograr los resultados deseados.

## PRINCIPIO #1

**Adquiera las competencias que necesita para
lograr los resultados que desea en su vida.**

La práctica de este principio requiere que defina su visión de futuro en los diferentes escenarios en que usted se desempeña (hogar, trabajo, negocio, comunidad, entre otros). Pero una vez hecho esto, es necesario que se entregue con pasión a adquirir las competencias (actitudes, conocimientos y destrezas) que necesita para lograr los resultados deseados camino a la realización de su visión de futuro. Procure hacer una diferencia entre vivir como espectador de la vida, a merced de los acontecimientos del momento, y vivir para hacer realidad los resultados que desea.

## PRINCIPIO #2

**Acepte que sólo usted crea las experiencias
y resultados que experimenta en la vida.**

Este principio requiere reconocer y aceptar que es usted quién crea las experiencias (buenas o malas) que experimenta en la vida. Los resultados que va forjando en su vida son en última instancia el resultado acumulativo de sus propias actuaciones. En este sentido, es necesario asumir responsabilidad por los mismos y preguntarse continuamente: ¿qué debo aprender de esto?, ¿qué hay aquí para mí?

## PRINCIPIO #3

**Reconozca que usted, al igual que los demás, hace
aquello que le funciona y proporciona beneficios.**

Empiece por aceptar que las personas hacen aquello que les satisface y llena alguna necesidad. Detrás de cada actuación, hay una necesidad en espera de ser satisfecha. Si desea cambiar algún patrón de comportamiento o hábito limitante para lograr los resultados deseados, pregúntese: ¿qué beneficio o necesidad estoy llenando con este comportamiento? Una vez haga esto, estará en mejor posición de trabajar con el comportamiento o hábito no deseado.

# PRINCIPIO #4

**Acepte que usted no puede cambiar aquello que no reconoce.**

Esto requiere reconocer honestamente aquello que realmente no le está funcionando o generando los resultados deseados. Evite justificar la ausencia de resultados favorables con excusas o culpando a otros o las circunstancias que le rodean. Por el contrario, sea proactivo y actúe desde su círculo de influencia que es lo que controla para lograr lo que desea. En ese empeño, tenga presente la conocida oración que dice: "Señor, concédeme serenidad para aceptar lo que no puedo cambiar; valor para cambiar lo que sí puedo cambiar; y sabiduría para reconocer la diferencia".

# PRINCIPIO #5

**La vida recompensa la acción.**

Tome decisiones y actúe consistente con ellas. Esta es la forma de crear sus propias experiencias y construir su futuro. Los resultados que usted obtiene en la vida son el producto de una continua selección de alternativas. Mientras mejor sea la selección que haga, mejores serán sus resultados. Tenga presente que la indecisión crea inacción y la inacción, usualmente, conduce a malos resultados.

# PRINCIPIO #6

**Cuídese de las creencias y los pensamientos limitantes.**

Identifique los paradigmas o modelos mentales a través de los cuáles usted mira el mundo y lo que ocurre a su alrededor. Reconozca su pasado, pero no se deje controlar por él. Lo importante no es tanto lo ocurrido; sino como usted escoja percibir o responder a lo ocurrido. Las creencias y pensamientos de abundancia le llevarán a lograr los resultados que desea. Los pensamientos de escasez le impedirán alcanzarlos. Es la ley de atracción en plena acción.

# PRINCIPIO #7

**Renegocie sus relaciones con los demás para lograr
los resultados que desea y acepte el poder del perdón.**

Hay un dicho que establece: "las personas llegan hasta donde usted les permite llegar". Por lo tanto, en vez de lamentar cómo le tratan los demás, aprenda a renegociar sus relaciones para conseguir los resultados que desea. En este proceso esté alerta al daño que pueda estarle ocasionando algún rencor o resentimiento hacia alguien. El rencor, especialmente cuando no se procesa, cambia la esencia misma de quien realmente es la persona. No permita que otros determinen quién realmente es usted. No les otorgue ese poder.

> **"Nadie puede hacerte sentir pequeño sin tu consentimiento".**
> *Eleonor Roosevelt*

### Ejercicios para la preparación de su plan de acción estratégico para lograr su visión de futuro

Utilice el modelo que se presenta a continuación para preparar su plan de acción estratégico. Conforme vaya trabajando los ejercicios que se indican más adelante, anote en las columnas correspondientes del modelo el producto final de los ejercicios. Anticipe, sin embargo, que a medida que avanza en el libro y haga otros ejercicios, le surgirán nuevas ideas y medidas a tomar, las cuales requerirán retomar y modificar el contenido de su plan.

| | DIMENSIÓN PERSONAL | |
|---|---|---|
| ESTADO ACTUAL | INICIATIVAS | VISIÓN DE FUTURO (estado deseado) |
| | DIMENSIÓN PROFESIONAL | |
| ESTADO ACTUAL | INICIATIVAS | VISIÓN DE FUTURO (estado deseado) |

## EJERCICIO 1

**Definición de estado deseado**

El propósito de este ejercicio es que usted pueda explicar con claridad y precisión lo que desea ser o alcanzar al cabo de los próximos 5 a 10 años. Esto debe hacerlo para sus metas personales y profesionales. Su contestación a las siguientes preguntas guía le ayudarán a identificar y a describir su visión de futuro (estado deseado).

**Dimensión personal**

¿Qué desea haber logrado en 5 años en el ámbito espiritual?, ¿en sus finanzas?, ¿en sus relaciones de familia (esposo, hijo, padre, abuelo, novio)?, ¿en su preparación académica?, ¿en su condición física?

**Dimensión profesional**

¿Qué desea haber logrado en 5 años en su carrera profesional o técnica?, ¿en su negocio?, ¿en su empleo?, ¿en las asociaciones profesionales a las que pertenece?

Luego de reflexionar y contestar estas preguntas, convierta sus respuestas en objetivos (resultados) precisos que desea lograr en determinados períodos de tiempo. Pregúntese: ¿me proporciona el logro de estos objetivos (resultados) sentido de satisfacción, apasionamiento y entusiasmo? ¿Le daría significado a mi vida lograr estos objetivos? Si su respuesta es afirmativa, entonces éstos son los objetivos que usted colocará en la columna de estado deseado, en la dimensión personal del modelo ilustrado anteriormente.

De lo contrario, necesitará continuar la búsqueda de aquello que realmente le apasiona en la dimensión personal. Pero, ¡cuidado! Éstos son procesos a los cuales muchas veces no estamos acostumbrados. Por lo tanto, usualmente se requieren varios intentos para completar el proceso. En otros casos se necesita ayuda de otras personas cualificadas para tales fines. En uno u otro caso, la constante es que se requiere mucha persistencia y paciencia, pero el resultado bien vale la pena.

## EJERCICIO 2

### Definición de estado actual

El propósito de este ejercicio es que establezca con claridad, precisión y realismo su situación actual en términos de las capacidades y recursos que tiene para moverse a su estado deseado. Para cada uno de sus objetivos, tanto en el ámbito personal como profesional, utilice las siguientes preguntas guía:

1. ¿Qué recursos (conocimientos, habilidades, destrezas, tiempo, dinero, contactos, entre otros) tengo disponibles para el logro de las metas que contiene mi visión de futuro?
2. ¿Qué cosas no tengo?
3. ¿Qué factores favorecen el logro de mis metas y objetivos?
4. ¿Cuáles no me favorecen?

Luego de reflexionar y contestar las preguntas, convierta sus respuestas en fortalezas, oportunidades, debilidades y amenazas para fines del logro de su visión de futuro. El resultado de esta conversión es lo que usted incluirá en la columna de estado actual, en la dimensión personal o profesional, según corresponda, del modelo anterior. Sus fortalezas y oportunidades serán la plataforma sobre la cual montará su plan de acción para moverse al logro de su visión de futuro. Sus debilidades y amenazas son las que usted eliminará o neutralizará mediante acciones o proyectos que desarrolle para moverse de su estado actual a su estado deseado (visión de futuro). Su objetivo en este momento es convertir sus debilidades y amenazas en fortalezas y oportunidades a través de su plan de acción estratégico.

## EJERCICIO 3

### Iniciativas

El propósito de este ejercicio es que identifique las iniciativas que necesita realizar en cada dimensión en el período de tiempo establecido para alcanzar su visión de futuro. Para esos fines, utilice las siguientes preguntas guía:

1. ¿Qué fortalezas poseo que me pueden ayudar a lograr mi visión de futuro?

2. ¿Qué proyectos o iniciativas debo desarrollar para eliminar las debilidades que he identificado en mi vida personal?, ¿en mi vida profesional?, ¿en qué tiempo debo completarlas?

3. ¿Qué acciones debo tomar para aprovechar las oportunidades que tengo antes que sea tarde?

4. ¿Qué acciones debo tomar para neutralizar la amenaza que tengo de perder un negocio importante para mi futuro?

Las contestaciones a estas preguntas conviértalas en acciones específicas o proyectos que usted decida hacer para lograr su visión de futuro. Estas acciones o proyectos son los que usted colocará en la columna iniciativas (acciones) estratégicas, en la dimensión personal o profesional, según corresponda.

> "Dedica un tiempo a deliberar, pero cuando llegue la hora de entrar en acción, deja de pensar y actúa".
>
> — *Napoleón Bonaparte* —

## Estrategia 2

# CONOZCA SUS TALENTOS Y OPORTUNIDADES

"Un talento es una combinación de algo que te gusta mucho, algo que no te parezca trabajo y algo para lo que tengas la capacidad natural de hacerlo bien."

*George Lucas*

## Expresemos lo mejor de nosotros

El autoconocimiento es la base para alcanzar los resultados que usted espera de la realización de su visión de futuro. Conocerse a sí mismo es ser consciente de sus pensamientos, emociones, actitudes, conocimientos, habilidades, estilos de comportamiento, motivaciones, necesidades y preferencias. Es la capacidad para utilizar efectivamente estos ingredientes de nuestro "yo", que es con lo que contamos para aprovechar al máximo las oportunidades que se nos presentan en la vida. Igualmente, nos capacitan para superar los retos que habremos de encontrar en nuestro caminar hacia el logro de nuestra visión de futuro. Es ampliamente conocido y probado por expertos de la conducta humana; que las personas exitosas son aquellas que:

1. Se comprenden a sí mismas y son conscientes de cómo sus comportamientos afectan a las personas que le rodean.
2. Comprenden sus reacciones ante otras personas y las situaciones particulares a las que se enfrentan.
3. Conocen sus fortalezas y saben cómo utilizarlas efectivamente.
4. Son conscientes de sus capacidades para hacer determinadas cosas con excelencia y las aprovechan para lograr sus metas en la vida.
5. Tienen una actitud positiva hacia sí mismas, lo cual hace que otras personas confíen en ellas.
6. Saben cómo adaptar efectivamente sus comportamientos a las necesidades de las personas con quienes se relacionan y a las situaciones que imperan en su medioambiente.

Nuestras acciones, las cosas que hacemos o dejamos de hacer, los resultados que logramos en nuestra vida, son en última instancia una expresión de lo que somos, una expresión de nuestro propio ser. De modo, que si estamos muy satisfechos con lo que hemos hecho o logrado hasta el presente, podemos inferir que nuestro "yo" anda por buen camino. Si por el contrario, lo que hemos hecho o logrado hasta ahora no nos satisface o nos hace sentir frustrados, entonces podríamos inferir que nuestro "yo" no anda por el mejor camino.

En uno u otro caso, el realizar un proceso de autoconocimiento nos será muy útil y provechoso. Cuando los resultados que estamos obteniendo de nuestro desempeño en el plano personal y profesional son buenos, el autoconocimiento nos permitirá identificar los factores de comportamiento que son claves en lograr esos maravillosos resultados. Esos patrones de comportamiento definitivamente constituyen fortalezas, sobre los cuales debemos capitalizar para seguir adelante cosechando logros camino a la realización de nuestra visión de futuro. Si los resultados que estamos teniendo no son buenos, el proceso de autoconocimiento nos permitirá descubrir los comportamientos que han causado nuestros desaciertos y frustraciones. Estos constituyen barreras o limitaciones para alcanzar los resultados que realmente deseamos.

El autoconocimiento en ambas vertientes, nos permitirá desarrollar un plan de acción que integre el uso de nuestras fortalezas con la superación de nuestras debilidades o limitaciones. Esto nos ayudará a movernos a paso firme, al logro de nuestra visión de futuro. Cuando lleguemos a la cima de nuestra montaña, la cual simboliza el logro de nuestra visión de futuro, habremos en ese momento expresado lo mejor de nosotros mismos, lo mejor de nuestro "yo".

Estemos claros que el proceso de autoconocimiento que sugiero en esta parte del libro, es en realidad una serie de ejercicios de concienciación sobre patrones o tendencias de comportamiento. No se pretende llevarle a un autoconocimiento tan profundo de sí mismo como para descubrir causas de comportamiento que podrían estar a nivel de subconsciente. El conocimiento profundo de uno mismo podría ser algo muy complejo, que incluso, podría requerir la intervención de profesionales expertos en conducta humana. Esto se debe a que algunos de nuestros comportamientos tienen su causa raíz en experiencias vividas y guardadas en nuestro subconsciente, y sólo con la ayuda de un profesional experto en conducta humana podríamos descubrirlas y manejarlas exitosamente.

## ¡Cuidado con sus pensamientos!

El proceso de autoconocimiento comienza con un examen de nuestra forma de pensar. Anteriormente, mencioné que las cosas antes de manifestarse en el plano físico se manifiestan en el plano mental. Cuando construimos un jardín, por ejemplo, primeramente conceptualizamos el mismo en nuestra mente. Hacemos un dibujo mental del mismo, tal como lo queremos. En ese proceso creativo utilizamos los conocimientos aprendidos a través del tiempo sobre lo que es un jardín y cómo se construye. Una vez conceptualizado el jardín, lo dibujamos y procedemos a realizar las acciones o tareas requeridas para hacer realidad el mismo. Por supuesto, el jardín físicamente será tan bueno como buenos hayan sido los conocimientos que teníamos sobre lo que es un jardín y cómo construirlo. En tanto y cuanto el jardín es producto de nuestro proceso mental creativo, podemos decir que el jardín es la expresión física de nuestro "yo".

> **"La vida es lo que nuestros pensamientos hacen que sea".**
>
> — *Marco Aurelio* —

La calidad de lo que hacemos o logramos en el plano físico, en nuestro diario quehacer, depende de la calidad de nuestros pensamientos que son los ingredientes de nuestra creación en el plano mental. Nuestros pensamientos y forma de ver el mundo que nos rodea son el resultado de las enseñanzas que hemos recibido a través de diferentes medios a lo largo de nuestra vida.

Por lo tanto, es necesario cuestionarnos cuán válidos o relevantes son los mismos en este preciso momento para fines de los resultados que queremos alcanzar a través de la realización de nuestra visión de futuro.

Una conocida anécdota sobre la dinámica de un joven matrimonio ilustra perfectamente el punto de cuestionamiento que quiero traer ante su consideración. Se trata de una joven pareja de recién casados que en una ocasión muy especial para ellos están preparando una cena. La joven esposa está preparando un jamón para colocarlo en el horno. Justo antes de adobarlo, procede a cortarle las dos puntas a los extremos del jamón. El marido que está observando el proceso, pregunta extrañado a su compañera, ¿por qué le has cortado las puntas al jamón? Y la joven contesta muy naturalmente: "bueno... así me enseñó mi mamá". El esposo sin embargo, todavía sentía que algo no tenía sentido, pero decidió cambiar el tema de conversación.

En ocasión que la joven pareja compartía un día familiar con sus suegros, el esposo decide buscar una solución a su intriga sobre el proceso de preparar el jamón. Tan pronto tuvo la oportunidad, se acercó a su suegra y le dice: "oiga, yo he observado que mi esposa le corta las puntas al jamón antes de colocarlo en el horno. Ella dice que lo hace así porque usted la enseñó a prepararlo de esa manera. ¿Podría decirme por qué? La señora inmediatamente le contesta: "bueno... así fue que lo aprendí de mi madre". El joven asintió con su cabeza y pasaron a otro tema de conversación.

Aún inquieto por las contestaciones recibidas, el joven se propone hacerle la misma pregunta a la abuela de su esposa. Tan pronto surgió la oportunidad, se acercó a la abuela y le dice: "yo observo que su nieta al preparar un jamón para hornear, le corta las puntas a los extremos. Ella me dice que lo hace así porque así lo aprendió de su mamá. Le pregunto a su hija y me dice que lo hace así porque usted le enseñó a prepararlo de esa manera. ¿Podría decirme por qué le cortaba las puntas al jamón para colocarlo en el horno? La abuela, sin inmutarse, contestó: porque en aquel tiempo, mi horno no tenía suficiente espacio para acomodar el jamón completo. Por lo tanto, tenía por obligación que cortarle las puntas para acomodarlo correctamente en el horno".

Aunque esto es una simple anécdota para ilustrar un concepto, observe como una metodología, una forma de hacer una tarea o de pensar, fue pasando de generación en generación sin cuestionamiento alguno sobre su relevancia al momento actual. ¿Cuántos pensamientos o creencias o formas de hacer las cosas hemos aprendido de nuestros antepasados o simplemente experiencias vividas que ya no son relevantes para este momento histórico? ¿Cuántas de estas cosas debemos desaprender para dar cabida al aprendizaje de nuevas formas de hacer las cosas?

Esto es totalmente necesario porque la calidad de nuestras acciones está condicionada por la calidad de nuestras creencias y pensamientos, que a su vez, es producto de lo que hemos aprendido o vivido a través de nuestras experiencias. Por lo tanto, nuestras creencias y pensamientos tienen que ser cuidadosamente filtrados y seleccionados; de forma tal, que la meta sea formar un nuevo estado mental alineado con el nuevo entorno en que vivimos y con la visión de futuro que queremos lograr. Si queremos lograr algún tipo de transformación en el plano físico, este debe comenzar con una transformación en el plano mental.

Como indiqué en la sección Afine su mente, debemos estar totalmente convencidos de que la mente juega un papel vital en la que será nuestra victoria final, el logro de nuestra visión de futuro. Esto, por supuesto, requiere construir una mente fuerte y positiva, capaz de vencer los temores y adversidades que con toda seguridad encontraremos en el camino.

Estoy seguro de que usted coincide conmigo en que esto es un reto monumental. La razón es que a lo largo de nuestras vidas hemos aprendido muchas cosas que fueron válidas y relevantes en determinado momento, pero ahora podrían ser limitantes para lo que queremos lograr. Por lo tanto, es importante asumir una actitud de autocuestionamiento en términos de todas esas creencias, ideas y aprendizajes pasados que no tienen relevancia en estos momentos para fines de lo que usted desea lograr. En este proceso se dará cuenta de que tendrá que desaprender muchas cosas para aprender otras nuevas que le serán muy necesarias para lograr su visión de futuro.

Por ejemplo, es necesario desaprender a tener miedo a los fracasos, a las frustraciones, y aprender a tener más fe en sí mismo y aumentar las fuerzas de la esperanza en que el bien que se desea se materializará. Hay que evitar a toda costa que la mente se llene de temor, preocupaciones y ansiedades. Muchas veces son tantas las decepciones y frustraciones sufridas que la mente se niega a pensar positivo. Todo se vuelve negativo. En muchas ocasiones el pensamiento predominante es que ya no se puede tolerar una frustración, un desengaño más. La pérdida del positivismo, la falta de fe y la poca esperanza se convierten en un mecanismo mental de defensa que limita e impide lograr que el bien que se desea se manifieste físicamente. En este estado mental las personas no se aventuran a tratar cosas nuevas y tienden a quedarse estancados, obteniendo como resultado aquello que precisamente no desean.

> "Cuando recuerdo todas esas preocupaciones me viene a la mente la historia del viejo que, en su lecho de muerte, decía haber tenido muchos problemas en su vida, la mayoría de los cuales nunca llegaron a ocurrir".
>
> — *Winston Churchill* —

Siguiendo esta línea de pensamiento, es interesante observar que muchas personas fueron enseñadas o adiestradas para dar por sentado sus mejores destrezas y talentos. Incluso, algunas las ignoran, las desconocen o no las valoran en lo más mínimo. Por lo tanto, no las ponen a trabajar para su beneficio y el de los demás. A estas personas se les hace muy difícil conocer su "mejor yo", recanalizar su dirección y aprovechar las oportunidades que se le presentarán en su vida.

Realizar un proceso de autoconocimiento no sólo le ayudará a reconocer sus talentos y utilizarlos correctamente; sino también, a ganar confianza en sus propias capacidades y, por ende, a tener más fe en sí mismo. Esto le permitirá comenzar a desaprender aquellas cosas que puedan ser limitantes para lograr lo que desea, aprender las cosas nuevas que sean necesarias y comenzar su transformación mental para que en el plano físico ocurran las cosas que desea.

Este proceso le ayudará a autorenovarse. Todo a nuestro alrededor necesita renovación: automóviles, enseres, casas, edificios, entre otros. La naturaleza misma es un proceso constante de autorenovación. Igualmente, nuestra profesión y nuestro estilo de vida necesitan renovación. La renovación en el plano profesional, por ejemplo, es obvia.

Los estudios más recientes indican que las personas deben prepararse para cambiar de carrera, por lo menos, cinco veces en su vida profesional y cambiar de empleo muchas más. En el plano personal, todos somos testigos de cómo está cambiando la composición de la familia promedio y las relaciones familiares. Todo esto crea condiciones tan retantes en el ámbito personal y profesional que nos obliga a buscar mayor efectividad maximizando el uso de todos nuestros talentos y habilidades.

Ante esta realidad, le invito a iniciar la aventura del proceso de autoconocimiento que presentamos en esta sección del libro. Los ejercicios que realizará le permitirán cuestionarse su forma de pensar y actuar, aumentar substancialmente el conocimiento de sí mismo, identificar oportunidades al alcance de su mano y mejorar su efectividad personal y profesional. Específicamente, el proceso le permitirá:

1. Identificar sus fortalezas, debilidades y oportunidades para aprovechar mejor sus talentos.
2. Identificar aquellas estrategias de autodirección que maximicen el uso de sus fortalezas y oportunidades, y minimicen sus debilidades.

3. Establecer la compatibilidad necesaria entre sus talentos y capacidades, y las requeridas para lograr su visión de futuro.

4. Identificar los factores que le motivan y cuáles le restan entusiasmo.

5. Establecer el tipo de ambiente que necesita para desempeñarse a máxima capacidad.

## La fascinante aventura de descubrir sus talentos

Las personas exitosas son aquellas que conocen a capacidad sus actitudes, conocimientos y destrezas, son conscientes de sus talentos y pueden amoldar sus comportamientos a las demandas y exigencias de su medioambiente para lograr sus objetivos personales y profesionales. Para lograr esto es imprescindible que conozca:

1. **Su estilo:** Se refiere a su forma de relacionarse con aquello que le rodea, sean personas o cosas. Es su forma de ver y relacionarse con el mundo. En fin, es su forma de ser la cual es única. Por ejemplo, hay personas que se energizan con la interacción con otros. Por el contrario, hay otras que se energizan con su mundo interno. Hay personas que perciben al mundo que les rodea en forma concreta y estructurada; otras lo perciben en forma intuitiva. Es decir, que por diseño Divino, cada persona es única. Cada persona tiene estilos de comportamiento diferentes. Querer conocer más a fondo sus estilos, le llevará automáticamente a buscar respuestas a preguntas, tales como: ¿Qué clase de ambiente prefiero en los lugares que frecuento? ¿Cómo prefiero relacionarme con las personas? ¿Cómo prefiero que me traten? ¿Cómo prefiero hacer las cosas? ¿Qué estilo de comunicación prefiero? ¿Cómo enfoco la solución de problemas? ¿Cómo tomo decisiones?

2. **Su motivación:** Se refiere a sus necesidades como ser humano, intereses, valores y creencias que le mueven a la acción con entusiasmo y energía. Conocer más sobre aquellos factores que le motivan a la acción le llevará a formularse estas preguntas: ¿cuál es mi forma de pensar con respecto a las cosas que son importantes en mi vida? ¿Qué cosas me apasionan? ¿Qué me motiva a dar lo

mejor de mí? ¿Qué cosas me dan energía? ¿Cuáles me desaniman o restan entusiasmo?

3. **Sus competencias**: Se refiere a sus conocimientos, destrezas y atributos de personalidad. Éstas pueden ser; (a) funcionales, que son las que utilizamos para manejar personas, datos o cosas; (b) de contenido o conocimiento; y (c) las adaptativas, que son las que ayudan a adaptarse a diversos ambientes.

4. **Sus barreras internas:** Se refiere a creencias, pensamientos y actitudes que generan comportamientos limitantes para alcanzar el desempeño y las metas que se ha propuesto lograr en el plano personal y profesional.

Podemos decir que lo anterior son cuatro elementos básicos del "yo" de cualquier persona. Los mismos no son independientes entre sí; sino, que interactúan interdependientemente para producir las acciones y resultados que logrará la persona en los diferentes escenarios en que se desempeña. El conocimiento claro de estos elementos y, su interacción entre sí, le permitirán autoanalizarse y concienciarse de sus fortalezas y debilidades y hacer un plan realista de desarrollo para hacer un mejor uso de sus talentos.

---

"Para entrar en nuestro propio yo debemos armarnos hasta los dientes".

— *Paul Valery* —

---

## Estilos de comportamiento

Con el propósito de encaminarle en la fascinante aventura de conocerse un poco más, comenzaré por definir algunos conceptos que son importantes para los ejercicios de estilos de comportamiento que haremos más adelante. Esto facilitará el proceso de introspección que requieren los mismos para sacar el máximo provecho a sus talentos y habilidades.

Son varios los expertos del comportamiento humano que han estudiado y publicado sobre el tema de estilos o patrones de comportamiento. Entre los muchos y excelentes trabajos realizados por estos científicos de la conducta humana, por razones prácticas, me referiré sólo al modelo de William Moulton Marston y las aplicaciones del mismo desarrolladas posteriormente por el Dr. John Geier.

Tanto el modelo de William Moulton como las aplicaciones del mismo desarrolladas por el Dr. John Geier, dividen la conducta humana en cuatro dimensiones principales.

1. **Dominante:** la persona se centra en moldear su medioambiente y controlarlo focalizando en el logro de los resultados que desea. Este patrón de conducta incluye, por ejemplo, la búsqueda incesante de resultados inmediatos, propensión a la acción, toma de decisiones rápidas, amor a los retos y la eliminación de barreras que impidan lograr resultados. El logro de resultados es la fuerza motriz de los comportamientos en esta dimensión del modelo.

2. **Influyente:** la persona se centra en moldear su medioambiente focalizando en la involucración, influencia y persuasión de las personas que le rodean. Este patrón de comportamiento incluye, por ejemplo, el involucrar y dar participación a otras personas en las cosas que se propone realizar. La involucración de los demás en las cosas que se desean hacer es la fuerza motriz en esta dimensión.

3. **Estable:** la persona se centra en lograr estabilidad y realizar sus tareas cooperando con los demás. Este patrón de comportamiento incluye: la búsqueda de ambientes armoniosos y favorables a la cooperación, la búsqueda de seguridad y el evitar situaciones de riesgos e inestabilidad. El logro de la estabilidad y seguridad del medioambiente es la fuerza motriz de los comportamientos en esta dimensión.

4. **Concienzudo:** la persona se centra en trabajar con sus circunstancias existentes para lograr exactitud y calidad. Este patrón de conductas incluye: la búsqueda del por qué y el cómo de las cosas, el análisis concienzudo antes de tomar decisiones o resolver problemas y el cumplimiento riguroso con las normas y estándares establecidos.

Este modelo fue posteriormente utilizado por el Dr. John Geier y Carlson Learning Company como base para la creación del Sistema de Perfil Personal DISC®. Este es un instrumento que permite a la persona identificar por sí misma sus patrones de comportamiento utilizando las cuatro dimensiones mencionadas anteriormente. Además, permite identificar las fortalezas del estilo de comportamiento de la persona, establecer los ambientes más favorables para su motivación e identificar sus áreas de potencial mejoramiento.

## ¿Cuál es su estilo de comportamiento?

Mediante la utilización del modelo de comportamientos de William Moulton y los trabajos posteriores del Dr. John Geier, puede establecerse que las conductas de las personas tienden a agruparse en cuatro dimensiones o patrones: Dominante, Influyente, Estable y Concienzudo. Los trabajos posteriores del doctor Geier sobre este tema indican que es la intensidad con que se manifiesta o utiliza cada uno de estos patrones lo que realmente varía de una persona a otra. Partiendo de esta premisa, podemos decir que es natural que sea uno de estos cuatro patrones el que predomine sobre los otros en determinadas circunstancias. Este patrón predominante se manifiesta con mayor intensidad cuando interactuamos con otras personas o solucionamos problemas o tomamos decisiones en nuestro diario quehacer.

No hay tal cosa como patrones o estilos de comportamiento malos o buenos. Lo realmente importante es reconocer que las personas interactuamos con una gran diversidad de seres humanos y circunstancias que requieren el uso de diferentes estilos de comportamiento para manejarlas adecuadamente. Por lo tanto, el énfasis debe estar en la habilidad de la persona para modificar sus estilos de comportamiento de acuerdo a las personas o situaciones que enfrenta. En este sentido la pregunta que constantemente debemos hacernos es: ¿cuál de los cuatro estilos es más propio utilizar para manejar la situación que tengo ante mí en estos momentos o la interacción que debo hacer con tal o cual persona?

Con el objetivo de que comience a reflexionar sobre sus estilos de comportamiento y su efectividad en el uso de los mismos, procure en este momento asociar sus conductas habituales con los cuatro estilos de comportamiento antes indicados.

Para fines de este ejercicio, ubíquese en el quehacer de su trabajo diario. Piense sobre cómo es su interacción con las personas y las situaciones típicas que atiende diariamente. Marque al lado de cada frase u oración su contestación en cuanto a si la misma describe su comportamiento típico ante las personas o situaciones que usualmente atiende en su diario quehacer. Tabule los resultados del ejercicio y llegue a sus propias conclusiones sobre cuál es el patrón o estilo de comportamiento que usted utiliza más intensamente.

## Ejercicio de estilo de comportamiento

| ESTILO DOMINANTE | SÍ | NO |
|---|---|---|
| • Tomo decisiones rápidas | | |
| • Me muevo a la acción rápidamente | | |
| • Me gusta enfrentar situaciones de reto y superar obstáculos | | |
| • No temo asumir riesgos | | |
| • Cuando tomo acción, lo primero que pienso es en los resultados que voy a obtener | | |
| • Me gusta obtener resultados rápidos | | |
| • Me gusta generar cambios y enfrentar los retos que producen los mismos | | |
| • Me gusta solucionar situaciones o problemas difíciles | | |
| • Me gusta retar la forma tradicional de hacer las cosas | | |
| • Me gusta crear e innovar | | |
| • Me gusta decir las cosas directamente ("al grano") | | |
| • Me gusta tener autoridad y libertad de acción para hacer el trabajo | | |
| **Total de esta columna** | | |

| ESTILO INFLUYENTE | SÍ | NO |
|---|---|---|
| • Me gusta compartir, socializar y relacionarme con otras personas | | |
| • Cuando realizo mis tareas, usualmente involucro a otras personas | | |
| • Me gusta aliarme con otros para conseguir los resultados que deseo | | |
| • En los grupos que frecuento, usualmente creó un ambiente de entusiasmo y alta energía | | |
| • Tengo la tendencia a atender y servir a las personas con prioridad sobre cualquier otra cosa | | |
| • Soy generoso con el tiempo que dedico a las demás personas | | |
| • Soy afable, conversador y entretenido | | |
| • Tengo buena capacidad para comunicar e influenciar en los demás | | |
| • Me gusta causar buena impresión en los grupos que frecuento | | |
| • Busco lograr los resultados que deseo dando participación a otras personas | | |
| • Me gusta inspirar y motivar a los demás | | |
| • Al tomar decisiones considero primero su impacto en las personas | | |
| **Total de esta columna** | | |

| ESTILO ESTABLE | SÍ | NO |
|---|---|---|
| • Me gusta estar donde hay tranquilidad y armonía | | |
| • Me gusta realizar las tareas con la ayuda y cooperación de otras personas | | |
| • Rechazo los ambientes donde hay muchos conflictos | | |
| • Soy paciente y tolerante con los demás | | |
| • Tengo una tendencia natural a ayudar a los demás | | |
| • Me gusta ser leal y valoro la lealtad de los demás | | |
| • Prefiero escuchar y hacer empatía con las personas | | |
| • Me gusta calmar y traer armonía a las personas | | |
| • Me gustan los ambientes de trabajo estables | | |
| • Me gusta trabajar en grupo | | |
| • Prefiero rutinas predecibles | | |
| **Total de esta columna** | | |

| ESTILO CONCIENZUDO | SÍ | NO |
|---|---|---|
| • Me gusta la exactitud en las cosas que hago | | |
| • Soy exigente con la calidad de los trabajos que hago | | |
| • Me gusta analizar bien las cosas antes de lanzarme a hacerlas | | |
| • Me gusta la precisión en el cumplimiento de las normas o reglas establecidas en los lugares donde me desempeño | | |
| • Tengo la tendencia a ser diplomático cuando resuelvo conflictos o situaciones difíciles | | |
| • Me gusta dar seguimiento y controlar para asegurar los resultados que deseo | | |
| • Me gusta saber el qué, por qué y cómo de las cosas antes de proceder a hacerlas | | |
| • Me gusta concentrarme en los detalles cuando realizo una tarea | | |
| • Me gusta evaluar los pros y contras | | |
| • Enfoco las tareas que voy a realizar en una forma metódica antes de tomar decisiones | | |
| • Me gusta seguir instrucciones al pie de la letra | | |
| **Total de esta columna** | | |

## Interpretación del ejercicio

Haga un conteo de las contestaciones afirmativas (SÍ) que tenga en cada uno de los cuatro encasillados donde se indica cada estilo. Determine en cuál de los estilos tiene el mayor número de contestaciones afirmativas. El estilo que tenga el mayor número de contestaciones afirmativas (SÍ) es el que con toda probabilidad describa su estilo de comportamiento predominante.

Sin embargo, antes de llegar a una determinación final, procure validar un poco su conclusión. A esos fines, repase nuevamente los comportamientos característicos de los cuatro estilos descritos al inicio de esta sección. Pregúntese, ¿cuál de estos cuatro estilos es el que mejor describe mi forma de actuar?, ¿qué comportamientos de los otros estilos también describen mi forma típica de actuar? Un punto importante es que no se tiene un estilo puro. En realidad se tiene una mezcla de los cuatro estilos, donde uno de ellos es el que más fuertemente se manifiesta. Especialmente, en momentos de gran tensión, el estilo predominante salta y se hace sentir con gran fuerza al reaccionar a una situación o una persona en particular.

Vuelva a los resultados que obtuvo del ejercicio anterior y pregúntese, ¿es mi estilo de comportamiento realmente el que indica el ejercicio? De ser posible, comparta los resultados del ejercicio con alguien de su confianza que le conozca y objetivamente pueda darle retroinformación sobre sus estilos o patrones de comportamiento. Utilizando toda esa información, llegue a sus propias conclusiones.

Además, tenga presente que dependiendo de cada situación a la cual se enfrente o de las personas con quienes interactúe, deberá ser capaz de moverse de un estilo a otro para lograr los resultados que desea. Por ejemplo, en una situación de emergencia o crisis, usted deberá utilizar con mayor intensidad los comportamientos característicos del estilo Dominante (D), tales como, tomar decisiones rápidas y asumir riesgos. Esta flexibilidad de manejo de sus estilos de comportamiento es un elemento esencial del éxito personal y profesional que desea alcanzar.

## ¿Cuáles son sus factores motivacionales?

Personas con diferentes estilos o patrones de comportamiento se motivan por razones diferentes. Al identificar su estilo de comportamiento predominante, se colocó en una excelente posición para conocer los factores que propician su motivación. Esto es de vital importancia para poder sacarle el mayor provecho posible a sus talentos. La armonización de su estilo con los factores que propician su motivación hará posible el empleo a capacidad de sus talentos camino al logro de su visión de futuro. Con el objetivo de que identifique los factores que propician su motivación de acuerdo a su estilo, le invito a realizar el ejercicio que se indica a continuación.

Los encasillados que se presentan, indican una serie de factores que propician la motivación de las personas dependiendo de cuál sea su estilo de comportamiento predominante. Al lado de cada factor motivante se provee un encasillado para que marque su contestación en términos de SÍ o NO. Marque SÍ al lado de cada factor motivante que usted considere que realmente le motiva fuertemente. Marque NO en aquellos factores que no son motivantes para usted. No se limite al encasillado de su estilo predominante. Examine los factores motivantes correspondientes a los otros estilos y marque aquellos que le apliquen. Finalmente haga una lista con todos los factores que entienda propician su motivación. Luego, asígnele un número a cada factor motivante para indicar el orden de importancia que el mismo tiene para usted. El número 1 corresponderá al factor que mayor motivación le proporciona a base de su estilo. Conserve esta lista para utilizarla más adelante en su proceso de autoconocimiento.

## Factores Motivantes

| ESTILO DOMINANTE | SÍ | NO | ESTILO INFLUYENTE | SÍ | NO |
|---|---|---|---|---|---|
| Tener metas y situaciones retantes | | | Estar en ambientes entretenidos | | |
| Resolver problemas complejos | | | Socializar y compartir con diferentes personas | | |
| Remover barretas y obstáculos difíciles | | | Ser reconocido | | |
| Estar en puestos de prestigio | | | Animar, motivar y entusiasmar a otros | | |
| Tomar decisiones complejas y de alto riesgo | | | Expresarse libremente | | |
| Tener autoridad, poder y libertad para actuar | | | Tener libertad para utilizar su tiempo sin restricciones, ni fechas límites | | |

| ESTILO DOMINANTE | SÍ | NO | ESTILO INFLUYENTE | SÍ | NO |
|---|---|---|---|---|---|
| Estar en ambientes de cambios, creatividad e innovación | | | Realizar trabajos que no requieran atención a detalles | | |
| Tener oportunidades de logros personales y progreso | | | Asesorar, influenciar y capacitar a otros | | |

| ESTILO ESTABLE | SÍ | NO | ESTILO CONCIENZUDO | SÍ | NO |
|---|---|---|---|---|---|
| Estar en ambientes estables, seguros y de pocos cambios | | | Estar en ambientes donde las reglas y las normas estén claras | | |
| Estar en lugares libres de conflictos | | | Tener metas y objetivos claramente definidos | | |
| Tener la oportunidad de ayudar a los demás | | | Oportunidad de demostrar su capacidad de análisis, exactitud y pericia | | |
| Trabajar en lugares donde haya rutinas, reglas, normas y procedimientos establecidos | | | Tener control sobre aquello que pueda afectarle en su desempeño | | |
| Cooperar y trabajar en equipo | | | Estar en ambientes donde se valora la calidad y la eficiencia | | |

## Interpretación del ejercicio

Utilizando las marcas hechas en los factores motivantes, establezca en cuál de los cuatro encasillados tiene el mayor número de marcas. Este encasillado seguramente corresponderá al estilo que en el primer ejercicio usted identificó como su estilo de comportamiento predominante. Esto se debe a que los factores que más le motivan están directamente relacionados a su estilo predominante de comportamiento.

En este punto, usted debe tener un conocimiento más amplio sobre estilo de comportamiento y los principales factores que le motivan y mueven a la acción, tanto en el plano personal como profesional. En esta etapa es oportuno que colocando su visión de futuro en perspectiva, comience a hacerse preguntas, tales como:

1. ¿Cuáles son mis fortalezas de acuerdo a mi estilo de comportamiento?

2. ¿Cómo puedo utilizar estas fortalezas para adelantar el logro de mis metas o resultados que requiere mi visión de futuro?

3. ¿Cuáles patrones de comportamiento necesito modificar o cambiar?

4. ¿Cuáles otros debo adoptar?

5. ¿Guarda relación lo que estoy haciendo o logrando en el plano personal y profesional con los factores que realmente me motivan y apasionan?

6. ¿Qué ajustes o cambios debo hacer para encaminarme al logro de mis metas y visión de futuro?

## ¿Cuáles son sus competencias?

En esta etapa de su proceso de autoconocimiento, usted tiene una buena cantidad de información sobre su forma de pensar, sus creencias, sus estilos de comportamiento y los factores que más le motivan en su plano personal. Su proceso de autoconocimiento no puede quedarse aquí. Es necesario profundizar un poco más. Es de vital importancia que conozca todos sus talentos y los recursos que tiene a su disposición para alcanzar su visión de futuro. Así que el próximo paso es que conozca lo más posible sus competencias.

En este contexto, las competencias se refieren al conjunto de actitudes, conocimientos, destrezas, atributos y experiencias que usted posee para lograr su visión de futuro. Las mismas constituyen herramientas que usted utiliza para manejar personas, cosas o situaciones que se presentan en su diario quehacer. Algunas de estas competencias son innatas, producto de factores genéticos, otras son aprendidas o desarrolladas a través de la formación en el hogar, la escuela, la Iglesia y experiencias vividas en los diferentes escenarios en que la persona se desempeña. Algunos ejemplos de competencias son:

1. Escribir, leer y hablar. Estas se asocian con trabajos u ocupaciones que requieren buen dominio del uso de la palabra escrita u oral.
2. Construir, ensamblar y reparar. Estas se asocian con trabajos o quehaceres técnicos.
3. Inventar, crear e imaginar. Se asocian con la realización de trabajos que requieren mucha creatividad.
4. Tocar instrumentos musicales, componer, actuar y pintar. Se asocia con trabajos artísticos.
5. Analizar, investigar y sistematizar. Se asocia con trabajos que requieren mucha investigación y análisis, ya sea de carácter científico o de alguna otra índole.

Las anteriores son sólo una muestra de competencias. Usualmente las personas poseen muchas más competencias de las que piensan. Esto se debe a que las personas están conscientes de aquellas competencias que utilizan con mayor frecuencia en su ocupación principal. La dinámica acelerada de la rutina diaria, no dan espacio para que la persona se detenga a pensar sobre cuáles son sus competencias y cómo sacarle mayor provecho.

Uno de los objetivos de este libro es, precisamente, lograr que usted tenga un mayor conocimiento de sus competencias y cómo sacarle mayor provecho. En este proceso focalizaremos por razones prácticas en aquellas que se conocen como competencias motivantes. Éstas son las que utilizan las personas una y otra vez en experiencias, trabajos o tareas que les apasionan y, por lo tanto, las hacen extremadamente bien. El usar estas competencias apasiona a la persona a tal extremo que usualmente logra distinguirse en lo que hace; alcanzando de paso un gran sentido de satisfacción y autorealización. Basta con leer la biografía de nuestros personajes favoritos, en el campo que sea, para darnos cuenta de esta realidad. En cada uno de ellos, se puede apreciar cuáles son sus competencias motivantes, las cuales utilizan una y otra vez con mucho éxito y satisfacción.

Por el contrario, en bastantes ocasiones las personas se encuentran forzados a utilizar competencias que podrían catalogarse como no motivantes. En este caso, la persona experimenta un sentimiento de profunda insatisfacción con lo que hace. Sencillamente, el utilizar este tipo de competencias no produce entusiasmo en la persona, la cual se distrae fácilmente e incluso, le bajan los niveles de energía para realizar la tarea. Un ejemplo de esto podría ser el arreglar el patio de la casa cuando la persona considera que esta tarea es algo que hay que hacer por obligación. En este caso, tan pronto aparece la oportunidad de hacer algo que le gusta más, la persona abandona la tarea del patio.

Los ejemplos anteriores, aunque obvios, comunican un mensaje claro de la necesidad de parear las competencias motivantes con tareas u ocupaciones que apasionen y produzcan satisfacción. Pero no siempre es tan fácil identificar las competencias motivantes vis a vis las no motivantes. Para ello, es bueno hacer un proceso estructurado de análisis y reflexión personal. Este proceso podría incluir hacer un diagnóstico de competencias utilizando instrumentos especialmente diseñados para estos fines. La importancia de hacer este análisis no puede ser subestimada. El poder discernir entre las competencias motivantes y las no motivantes, le capacita para escoger la ocupación y las tareas que le apasionan y le hacen sentir realizado. Esto le permitirá aumentar sus probabilidades de éxito en lo que hace y lograr los resultados que desea en la vida, conforme a su visión de futuro.

## Identifique sus competencias motivantes

Existen diversos métodos, incluyendo instrumentos de diagnóstico, para identificar competencias. Sin embargo, para fines de los ejercicios de reflexión que se presentarán, le proveo un método sencillo de cuatro pasos, el cual debe ayudarle a explorar e identificar sus principales competencias motivantes. La metodología es la siguiente:

1. Comience por reconocer que usted es una persona única, que posee atributos de personalidad, actitudes, conocimientos y destrezas (competencias) que no está consciente que tiene o que

no utiliza al máximo para su beneficio y satisfacción. Reconozca el don de su mente y tenga la apertura necesaria para dar cabida al descubrimiento de competencias que no sabía que tenía y que puede utilizar al máximo para lograr su visión de futuro.

2. Reconozca que sus competencias más sobresalientes las ha demostrado en algún momento de su vida. Con ese fin en mente, revise experiencias que usted haya vivido en las cuales salió triunfante. Estas experiencias son aquellas que resultaron en logros significativos en el plano personal o profesional. Un logro en este contexto se refiere a una experiencia en la cual usted siente que hizo algo extraordinariamente bien, disfrutó haciéndolo y sintió orgullo por ello.

3. Estudie cuidadosamente sus logros pasados en busca de patrones consistentes de aplicación de destrezas, conocimientos, actitudes y atributos de personalidad. Observe que para alcanzar ese logro significativo usted utilizó algunas de esas destrezas, estilos de comportamiento, conocimientos y actitudes. Identifíquelas; con toda probabilidad, en ellas están presentes sus competencias motivantes.

4. Una vez identificadas sus competencias motivantes, procure utilizarlas al máximo. Estas son las que le distinguen, diferencian y producen la excelencia que le caracteriza en todo lo que hace y apasiona. Son las que hacen posible que su mejor "yo" se manifieste a plenitud en lo que hace. Constituyen la base para alcanzar su visión de futuro.

## Ejercicios de relexión

Los próximos dos ejercicios tienen como propósito encaminarle en su proceso de reflexión e identificación de sus competencias motivantes. Aunque existe una gran variedad de competencias, deseo focalizarle en la identificación de aquellas que al utilizarlas le produce mucho entusiasmo, apasionamiento y satisfacción. Son éstas las que serán clave para alcanzar exitosamente su visión de futuro.

El primer ejercicio tiene que ver con sus logros pasados. El otro es para ayudarle a identificar sus competencias motivantes.

## EJERCICIO 1
### Identificación de logros significativos

Este ejercicio consiste de una serie de preguntas dirigidas a ayudarle a estructurar su proceso de identificación de sus logros más importantes en el plano personal y profesional. Basado en sus experiencias particulares, usted podría encontrar conveniente añadir otras preguntas relevantes a su situación. En ese caso, le invito a hacerlo y, de paso, enriquecer el ejercicio siguiente:

1. En el plano personal, ¿cuál ha sido el logro de mayor efecto y significado en su vida?

   _____

   _____

2. Reflexione sobre ese logro significativo que identificó en el plano personal, ¿cuáles fueron las principales destrezas, conocimientos, estilos de comportamiento y actitudes que utilizó y fueron la causa principal de su logro? Enumérelas en orden de importancia.

   _____

   _____

3. En el plano profesional o de trabajo, ¿cuál es el logro que primeramente le salta a la mente como el de mayor efecto y significado?

   _____

   _____

4. Reflexione sobre ese logro significativo en su trabajo, ¿cuáles fueron las principales destrezas, conocimientos, estilos de comportamiento y actitudes que utilizó y fueron la causa principal de su logro?

_____

_____

5. ¿Cuáles fueron otros logros de mucho significado en el plano personal o de trabajo?

_____

_____

6. En relación con estos otros logros, ¿cuáles destrezas, conocimientos, estilos de comportamiento y actitudes fueron causa principal de los mismos?

_____

_____

## EJERCICIO 2
### Identificación de competencias motivantes

Este ejercicio le ayudará a identificar sus competencias motivantes. Para ello, examine las destrezas, conocimientos, estilos de comportamiento y actitudes que identificó en el ejercicio anterior como causa principal de sus logros más significativos. Observe cuáles de ellas se repiten en su uso a través de los diferentes logros personales y profesionales. Con esta información conteste la siguiente pregunta.

1. ¿Cuáles son las actitudes, estilos de comportamiento, destrezas, conocimientos y atributos que se repitieron consistentemente a través de sus varios logros y le produjeron una enorme satisfacción al usarlas?

_____

_____

Podría decir que las anteriores son sus competencias motivantes. Estas debe procurar cultivarlas continuamente. Son ellas las que usted procurará utilizar al máximo para aprovechar las oportunidades y superar los retos que se le han de presentar en su caminar hacia el logro de su visión de futuro.

## BARRERAS

Las barreras se refieren a pensamientos limitantes, actitudes negativas, supuestos o creencias obsoletas o inapropiadas, falta de conocimientos o destrezas que impiden u obstaculizan que la persona avance hacia el logro de sus objetivos o visión de futuro. Una forma de identificar y concienzarse de esta clase de barreras o limitaciones es hacer un análisis de fracasos significativos o experiencias negativas donde las cosas no le han salido bien y han ocasionado consecuencias adversas.

A esos fines, se puede comenzar por tomar cada una de esas experiencias y buscar respuesta a preguntas, tales como: ¿qué pensamientos, creencias o actitudes jugaron un papel clave en el desenlace de los acontecimientos que condujeron al fracaso en cuestión?, ¿qué conocimientos o destrezas claves se mal utilizaron o no se usaron y dieron al traste con el logro deseado?, ¿qué estilos de comportamiento causaron efectos negativos para fines de lo que se deseaba lograr?

Al igual que utilizó los logros en los ejercicios anteriores, ahora puede utilizar los fracasos o experiencias adversas significativas para identificar las barreras que podrían impedir el logro de su visión de futuro o los resultados que desea. Para ello, le propongo realizar los ejercicios que se indican a continuación.

## EJERCICIO 1
### Barretas y limitaciones

Las siguientes preguntas le ayudarán a focalizar su proceso de identificación de barreras y limitaciones. Además, le proveerá la información necesaria para preparar posteriormente su plan de acción para remover las mismas. Con este fin, proceda a contestar estas preguntas:

a. ¿Cuáles fueron los fracasos o reveses más significativos que le han acontecido, los cuales ocasionaron mucha decepción?

Enumere en orden de importancia.

**PERSONAL**

_____

_____

_____

**PROFESIONAL**

_____

_____

_____

b. ¿Cuáles fueron las causas principales de los fracasos o reveses anteriores?

**PERSONAL**

_____

_____

_____

**PROFESIONAL**

_____

_____

_____

c. ¿Qué relación existe entre las causas antes indicadas y sus creencias, pensamientos, actitudes, estilos de comportamiento y formas de actuar en el momento en que ocurrieron los acontecimientos?

_____

_____

_____

d. ¿Qué relación existe entre su estilo predominante de comportamientos, según identificado en ejercicios anteriores, y las causas de los fracasos o reveses descritos anteriormente?

_____

_____

_____

e. ¿Qué creencias, pensamientos, destrezas, conocimientos y atributos fueron limitantes en ese momento para fines de prevenir los fracasos o reveses listado anteriormente?

_____

_____

_____

## EJERCICIO 2
## Identificación de competencias que necesita desarrollar

Utilizando los resultados de los ejercicios anteriores, ¿cuáles fueron las creencias, pensamientos, actitudes, estilos de comportamiento, destrezas y conocimientos que causaron los fracasos o reveses identificados?

¿Cuáles son los que se repiten? Descríbalos en orden de importancia.

**PERSONAL**

---

---

**PROFESIONAL**

---

---

c) Utilizando los resultados del ejercicio anterior, ¿qué creencias, pensamientos, actitudes y patrones de comportamiento usted considera debe cambiar, modificar o eliminar por constituir un impedimento al logro de sus metas o visión de futuro en el plano personal y profesional?

---

---

El conocimiento claro de sus creencias, forma de pensar, actitudes, patrones de comportamiento y destrezas, le permitirá reconocer sus fortalezas y factores motivacionales para combinarlos en la forma correcta para alcanzar su visión de futuro. También, le permitirá reconocer sus puntos débiles para armar un plan de desarrollo personal que le permita remover barreras, capitalizar en sus fortalezas y factores motivantes, demostrar su mejor "yo" y maximizar el uso de su potencial.

## ¿Qué hacer con lo que has aprendido hasta ahora?

Los ejercicios hechos hasta este momento, le deben haber proporcionado una visión clara de cuáles son sus fortalezas, debilidades, limitaciones y oportunidades en el ámbito personal para salir adelante exitosamente en la búsqueda de los resultados que su visión de futuro requiere. En este momento usted debe saber con qué herramientas cuenta como individuo para trabajar apasionadamente hacia el logro de su visión de futuro. También, debe saber las limitaciones que tiene y haber reconocido la necesidad de realizar cambios para superarlas y convertirlas en fortalezas.

Recuerde, no se pueden conseguir resultados diferentes haciendo las cosas de la misma manera. De modo, que la decisión de cambiar y buscar nuevas formas de pensar y actuar son requisitos indispensables del proceso de realización de su visión de futuro.

---

> **"La experiencia no es lo que le sucede al hombre, sino lo que el hombre hace con eso que le sucede".**
>
> — *Aldous Huxley*

---

Considerando que en este momento usted conoce mejor sus fortalezas, debilidades, limitaciones y oportunidades, le recomiendo que verifique el plan de acción que preparó inicialmente como parte de la Estrategia 1.

El propósito de revisar el plan de acción es que ahora usted tiene información adicional y valiosa que le permitirá establecer con mayor precisión su estado actual y las iniciativas que deba tomar para alcanzar su visión de futuro. Así podrá relacionar sus fortalezas, debilidades o limitaciones y factores motivantes identificados en los ejercicios anteriores con su visión de futuro y su estado actual. A la luz de esta revisión, también, puede identificar iniciativas o acciones adicionales que deba tomar para lograr su visión de futuro.

En este proceso de revisión podrá buscar respuestas concretas a preguntas, tales como:

1. ¿Existe alguna relación de causa y efecto entre mi forma de pensar sobre la realidad que me rodea y los resultados que estoy obteniendo en el plano personal o profesional?

2. ¿Debo efectuar cambios para viabilizar el logro de mi nueva visión de futuro? ¿Qué debo cambiar? ¿Qué debo mantener y reforzar?

3. ¿Existe alguna relación entre mis actuales estilos o patrones de comportamiento y los resultados que estoy obteniendo? ¿Cuáles debo cambiar? ¿Cuáles debo mantener y reforzar?

4. ¿Estoy actualizado en las competencias que debo tener para

lograr mi visión de futuro? ¿Qué nuevas competencias debo desarrollar?

5. ¿Existe una relación entre los resultados que estoy obteniendo en el plano personal y profesional con los factores que me motivan? ¿Estoy utilizando al máximo mis competencias motivantes?

6. ¿Es realista mi visión de futuro a la luz de mis fortalezas, competencias motivantes, y factores motivantes?

Las respuestas a preguntas como las anteriores le permitirán establecer en forma realista su estado actual y las iniciativas o acciones que deba tomar para moverse hacia el logro de su visión de futuro, tanto en el plano personal como profesional. También, le permitirá establecer cuán realista es su visión de futuro a base de los recursos y herramientas con que cuenta para lograrla.

"Si no sabes a dónde vas, acabarás en cualquier otro lugar".

— *Yogi Berra* —

# Estrategia

# 3

# AUMENTE SU CAPACIDAD DE RESPUESTA AL ENTORNO

"En este mundo no hay seguridad, sólo oportunidades".

*Douglas Macarthur*

# ¿Por qué aumentar su capacidad de respuesta?

Hasta aquí usted ha pasado por el proceso de aclarar y establecer su visión de futuro y ha ampliado sus conocimientos sobre sí mismo. En estos momentos sabe a dónde se dirige en el plano personal y profesional, conoce aquello que le motiva, es más consciente de sus fortalezas y atributos personales y ha identificado algunas acciones o iniciativas que se ha propuesto tomar para caminar exitosamente hacia su visión de futuro. En síntesis, usted sabe lo que quiere lograr para sentirse satisfecho como persona y profesional, conoce las "herramientas" y competencias personales con que cuenta y tiene identificadas una serie de acciones para lograr su visión.

En esta estrategia le llevaré a un próximo paso. Este consiste en identificar iniciativas estratégicas y acciones específicas dirigidas a capitalizar en sus atributos y fortalezas personales para lograr su visión de futuro. Muchas de éstas usted las identificó anteriormente. Otras las descubrirá a medida que avanza en la realización del proceso de desarrollo que le propongo. La idea es que usted aumente su arsenal de recursos personales necesarios para completar exitosamente la jornada que le llevará al logro de su visión de futuro. De esta manera, usted aumentará sus capacidades personales para responder y aprovechar rápidamente las oportunidades que están a su disposición en el entorno o medioambiente que le rodea. También, le permitirá neutralizar cualquier amenaza y superar los retos que seguramente encontrará en su caminar hacia el logro de su visión.

El ser humano, por ser un ente viviente, forma parte y está sujeto a las leyes de la naturaleza. Estas leyes son la que dan base al postulado comúnmente conocido de que en la naturaleza "sobrevive el más apto". Es decir, que todo ente viviente que no sea capaz de adaptarse a las condiciones cambiantes de su medioambiente está destinado a estancarse y eventualmente, perecer. Dentro de este contexto, podemos afirmar que todo aquello que no se utiliza o permanece inactivo, gradualmente se degrada hasta perder su estado natural.

El ser humano, siendo parte de la naturaleza, no escapa a estas leyes naturales. Por lo tanto, es asunto de vida o muerte que estemos alertas a los cambios que están ocurriendo a nuestro alrededor y anticipemos el efecto que los mismos han de tener en nuestro medioambiente y en nosotros como personas. Nuestra sobrevivencia como personas y como profesionales dependerá de cuán competentes y equipados estemos para responder a estos cambios.

Podemos inferir que no es suficiente estar bien equipados en términos de nuestras competencias y demás capacidades humanas. Además, es indispensable mantener las mismas actualizadas, así como, adquirir y desarrollar nuevas capacidades a tono con las exigencias cambiantes del medioambiente que nos rodea. Son nuestras capacidades a nivel del "yo" con lo que al fin y al cabo contamos para superar los retos y aprovechar las oportunidades que seguramente habremos de enfrentar en nuestro caminar por la vida. ¡Mejor es que conozcamos bien cuáles son esas capacidades y que las cultivemos como piedras preciosas! El no hacerlo equivale a tomar la decisión de quedarse atrás e incapacitarse para marchar exitosamente a la conquista de nuestros sueños.

## Conozca su entorno y sus oportunidades

¿Está en control de su entorno o el entorno lo controla a usted? ¿Controla su vida o la vida lo controla a usted? Estas son preguntas que continuamente debemos hacernos y contestarnos si queremos mantener control de nuestras vidas. Como indiqué al inicio del libro, el entorno que nos rodea está en constante ebullición como producto de los cambios acelerados en la tecnología y los sistemas económicos, políticos y sociales en que nos desempeñamos. Tan es así, que a veces sentimos que no podemos mantener el paso al ritmo que nos exigen los cambios de nuestro entorno. Apenas tenemos tiempo de percatarnos del efecto que tiene en nosotros todo este maremágnum de cambios. El querer seguir el ritmo acelerado de nuestro entorno nos lleva a dedicar poco o ningún tiempo a "pensar", reflexionar y planificar lo que deseamos hacer a mediano y largo plazo. Dicho de otra manera: "vamos por la vida con un piloto automático".

Esta realidad, sin embargo, no puede tomarse como excusa para no detenerse, poner atención, estudiar y reflexionar sobre los elementos del entorno o medioambiente que nos rodea. Estos elementos incluyen oportunidades, amenazas, nuevas tendencias, innovaciones tecnológicas y nuevos desarrollos en el ámbito económico, político y social. De modo, que es razonable asumir que en su propio entorno hay oportunidades... muchas oportunidades. Pero para verlas y aprovecharlas es necesario que preste mucha atención a la dinámica de su entorno. Esté dispuesto a cambiar ideas preconcebidas o paradigmas que a lo mejor no le permiten ver la posibilidad de que algo que a primera vista aparenta ser un problema, sea realmente una oportunidad.

Por supuesto, también, es razonable asumir que su entorno incluye amenazas para el logro de su visión de futuro... muchas amenazas. Por ejemplo, la obsolescencia de sus conocimientos y destrezas podría ser una de ellas. Esto es una amenaza real en un entorno donde los cambios tecnológicos, sociales, políticos y económicos suceden unos a otros con la velocidad del rayo. Por lo tanto, es necesario que esté bien alerta a su entorno para identificar dichas amenazas y convertirlas en oportunidades, o cuando menos neutralizarlas, para que no se conviertan en un obstáculo al logro de su visión. De cuán bien haga esta tarea dependerá la calidad de los resultados que alcanzará en la vida.

El siguiente relato sobre una persona que pudo exitosamente aprovechar las oportunidades de su entorno capitalizando en sus talentos, ilustra en forma concreta la aplicación a la vida real de los conceptos anteriores. Se trata de una joven maestra de escuela superior que con mucho esfuerzo y sacrificio logró completar dos grados de maestría. Uno en administración escolar y otro en diseño instruccional. Con la ayuda de esta preparación académica y sus experiencias de maestra de escuela superior, esta persona logra obtener un puesto de profesora en una reconocida universidad de nuestro País. Al cabo de unos pocos años la joven profesora es seleccionada para dirigir la Unidad de Currículo de la Escuela de Odontología de la Escuela de Medicina de la Universidad de Puerto Rico.

Mientras estos eventos van desarrollándose en la vida de esta profesora, el entorno económico del País comienza a experimentar el efecto favorable del desarrollo acelerado de la industria farmacéutica, electrónica y banca comercial. En todas estas industrias, al igual que en otras de servicios relacionados, las empresas comenzaban a disfrutar de un período de crecimiento y desarrollo acelerado. En esta clase de entorno, era natural que comenzaran a surgir muchas oportunidades. Particularmente, en las áreas de empleos especializados y desarrollo de nuevos negocios. Negocios que pudiesen suplir las necesidades crecientes de servicios especializados de dichas empresas.

Pero no todo era color de rosa en este entorno. Como en todo, había amenazas. Entre estas, dos muy importantes: el riesgo de la contaminación ambiental y la dependencia de las empresas en una serie de incentivos contributivos estatales y federales de gran impacto en sus finanzas.

Volviendo al relato de nuestra maestra, ¿cómo ella manejó los cambios que estaban ocurriendo en su entorno? Primero, empezó a sentir el efecto de dichos cambios cuando la Unidad de Currículo que dirigía comenzó a recibir peticiones aisladas de servicio de diseño de adiestramientos técnicos de algunas de las empresas farmacéuticas. Obviamente, tales peticiones de servicio no podían ser atendidas por su Unidad de Currículo. Este tipo de servicio estaba fuera del alcance de la misión y los objetivos de la Escuela de Odontología.

Pero la maestra fue muy observadora de los acontecimientos de su entorno y percibió que allí podría haber oportunidades para desarrollo de su carrera. De manera, que decidió explorar un poco más su entorno en busca de posibles oportunidades. Por ejemplo, ¿habría en las empresas farmacéuticas oportunidad para utilizar sus competencias de diseño instruccional en el desarrollo de adiestramientos para el personal? ¿Existiría en la banca comercial oportunidades similares? Con éstas y otras interrogantes en su mente, se dio a la tarea de conocer más sobre las necesidades de adiestramiento y desarrollo de personal en esas empresas. La conclusión de sus averiguaciones fue que efectivamente había oportunidades reales para establecer una práctica de consultoría en el campo de adiestramiento y desarrollo de personal.

Pero antes de tomar una decisión final, la profesora se propuso indagar sobre otros elementos de su entorno: las amenazas y los riegos presentes en el mismo. Ella se preguntaba, por ejemplo, ¿qué podría pasar con estas empresas si el Gobierno eliminaba los incentivos contributivos al cabo de unos pocos años? ¿Qué pasaría si las iniciativas para controlar la contaminación ambiental paralizaban el crecimiento de dichas industrias? ¿Cuáles serían los efectos de estos eventos potenciales en la viabilidad de sus planes de establecer la práctica de consultoría?

Para hacer de un cuento largo, uno corto, la profesora ponderó las oportunidades que tenía ante sí; calculó los riesgos; y decidió que su mejor opción era establecer una práctica de consultoría en adiestramiento y desarrollo de recursos humanos. Además, decidió que sus servicios se focalizarían en el uso de sus competencias de educadora. Particularmente, las relativas a diseño instruccional. Pensó que si hacía ciertas modificaciones a las aplicaciones de sus competencias de diseño de currículos educativos y las transfería al ámbito de diseño de adiestramientos para personal de empresas privadas sus posibilidades de éxito serían mayores.

En este caso, su primera clientela sería de la industria farmacéutica y la banca comercial. Así procedió y el resto es historia. En estos momentos, la profesora objeto de esta historia a es reconocida por sus aportes al campo de desarrollo del recurso humano organizacional y su empresa, muy pronto, cumplirá treinta y nueve años de establecida. Aquella aventura que comenzó como una pequeña práctica de consultoría se transformó al cabo de los años en una empresa que sirve a prestigiosas empresas locales y multinacionales de diferentes tipos de industrias.

Observe cómo en este caso la persona puso en práctica muchos de los conceptos y enfoques ya presentados. Primero, esta persona tenía mucha fe en sí misma y capacidad para mirar más allá de lo inmediato. Conocía muy bien sus capacidades, competencias y fortalezas en general. Estaba muy atenta a los acontecimientos y desarrollos en su entorno. Pudo identificar y pensar sobre oportunidades y amenazas. Calculó riesgos. Rompió paradigmas al pensar que podía utilizar sus competencias más allá del entorno de la educación; y sobretodo, supo parear sus talentos y fortalezas con las oportunidades existentes en su entorno para responder efectiva y rápidamente a las mismas.

Posiblemente usted se esté diciendo... "fantástico, ¿pero cómo aplico todo esto a mi realidad?" Pensando en esta posibilidad le exhorto a realizar el siguiente ejercicio de aplicación de estos conceptos. Esto le ayudará a aplicar los mismos a su vida real.

> **"Ningún puesto tiene futuro. El futuro está en la persona que lo ocupa".**
>
> *— George Crane —*

## Ejercicio

Supongamos que usted ha incluido en su visión de futuro convertirse en un empresario(a) durante los próximos tres años. A esos fines se propone establecer una empresa de servicios de acondicionamiento físico. Esto incluye ofrecer servicios personalizados a profesionales de oficina para aumentar su eficiencia física y contribuir a una mejor apariencia. A esos fines, usted ha planificado tomar las siguientes iniciativas o acciones claves:

1. Focalizar la venta de sus servicios en profesionales jóvenes del género femenino que laboran en empresas comerciales.

2. Focalizar su oferta inicial de servicios en el área de eficiencia física.

3. Empezar a ofrecer en forma gradual ciertos servicios de eficiencia física como entrenador personal.

4. Cambiar su actual trabajo a uno de tiempo parcial para liberar tiempo que pueda utilizar para ofrecer sus servicios de entrenador personal.

Entre sus fortalezas para lograr su visión se encuentra su preparación académica de Maestría en Eficiencia Física y sus habilidades sobresalientes en lo relativo a interacción con la gente. Además, le apasiona la educación física y todo aquello que tenga que ver con eficiencia física.

## Factores del entorno

Considerando su visión de futuro y las acciones que se propone tomar para alcanzar la misma, supongamos que existen en el entorno unas tendencias que le favorecen. Estas son:

1. Está tomando auge la práctica de profesionales jóvenes, del género femenino mayormente, a contratar entrenadores personales para que les asesoren y preparen programas especiales de acondicionamiento físico y cuido de la salud.

2. Los expertos de la salud están concienciando a la ciudadanía de la necesidad de cuidar sus dietas y combinarlas con un programa consistente de ejercicios físicos. También, están alertando a la

ciudadanía a evitar los efectos nocivos del estrés excesivo en la salud de las personas.

3.  El personal de las empresas está bajo mucha presión en este momento histórico debido a la proliferación de condiciones de trabajo muy estresantes.

4.  El personal de las empresas tiene poco tiempo disponible para actividades fuera del ámbito de su trabajo.

Partiendo de los supuestos y factores del entorno antes descritos, complete el siguiente ejercicio:

1.  Describa las oportunidades que usted ve en el entorno descrito anteriormente que son favorables para el logro de su visión de convertirse en empresario(a) durante los próximos tres años.

_____

_____

2.  Qué amenazas o riesgos para el logro de su visión usted ve en dicho entorno?

_____

_____

3.  Considerando las oportunidades, amenazas y riesgos antes enumerados, indique las acciones a corto y largo plazo que usted tomaría para lograr su objetivo de convertirse en un empresario exitoso.

_____

_____

Utilizando los ejemplos anteriores como marco de referencia, ahora usted puede hacer un proceso similar para examinar su entorno real en función de su visión de futuro. Las siguientes preguntas guías le ayudarán a realizar el examen de su propio entorno.

1. ¿Cuáles son las características principales de su actual entorno económico, político y social?
2. ¿Cuáles de estas características tienen relevancia para fines de su visión de futuro?
3. ¿Cuáles específicamente son las oportunidades que usted ve en su entorno que podría aprovechar para lograr su visión de futuro?
4. ¿Qué amenazas o riesgos ve en su entorno que podrían arruinar u obstaculizar el logro de su visión?
5. ¿Qué acciones tomará para aprovechar las oportunidades y reducir los riesgos o amenazas de su entorno?

## Conocimiento: piedra angular de su capacidad de respuesta

Al examinar su entorno, usted ha identificado unas oportunidades favorables al logro de su visión. Pero también, sabe que tiene que neutralizar o eliminar ciertas amenazas o riesgos del entorno que podrían hacerle fracasar en su intento de alcanzar su visión de futuro.

Su próximo paso es aumentar sus conocimientos, desarrollar sus destrezas al máximo y cultivar sus actitudes mediante el desarrollo de pensamientos apropiados. Todo esto en consonancia con la práctica del principio de "mente sana en cuerpo sano". El cultivo y desarrollo de este conjunto de atributos personales es lo que le permitirá solidificar sus capacidades humanas para responder rápida y efectivamente a las exigencias de su entorno. Será el desarrollo de sus conocimientos, destrezas y actitudes lo que le permitirá, por ejemplo, ver cosas importantes en su entorno que otras personas, que no tengan ese nivel de desarrollo, posiblemente no vean. Le permitirá con toda probabilidad, ver oportunidades y amenazas que de otra forma a lo mejor no veía. Le permitirá incluso, convertir esas oportunidades en logros resonantes y las amenazas en oportunidades. Todo esto le pondría en excelente posición para lograr extraordinarios resultados que abonarían al logro de su visión de futuro y enriquecerían su vida de manera abundante.

La adquisición y el desarrollo de conocimientos y destrezas será la piedra angular de su proceso de solidificación de sus capacidades humanas. Éstas serán un factor determinante para responder eficazmente a los retos de su entorno, camino a la realización de su visión de futuro. De modo, que no puede conformarse con el nivel de conocimientos, destrezas y actitudes que usted posee en este momento. ¿Por qué conformarse con algo bueno, si puede tener algo mejor?

El mundo gira continua e inevitablemente a nuestro alrededor trayendo cambios... y más cambios. Por lo tanto, la base de conocimientos a nuestro alrededor también cambia aceleradamente. Así que por fuerza de su propio entorno, se verá en la necesidad de adquirir y desarrollar nuevos conocimientos y destrezas, cultivar su mente y mantener en condiciones óptimas su físico. Es la única forma en que podrá mantenerse competitivo y sobrevivir en los nuevos escenarios en que estará desempeñándose en los próximos años.

Su meta en este momento debe ser crear un "arsenal" de conocimientos y destrezas útiles para trabajar exitosamente con las acciones o iniciativas que usted incluyó en su plan de acción estratégico para lograr su visión de futuro. El conocimiento que ha logrado hasta aquí sobre sí mismo es parte de ese "arsenal". Pero eso no es suficiente. Es necesario que vaya más allá y expanda sus conocimientos, destrezas y actitudes a niveles superiores y, sobre todo, cuide su salud física, mental y emocional.

## No deje al azar el desarrollo de su capacidad de respuesta

Hay personas que completan un grado académico y luego confían que ese conocimiento, complementado con los adiestramientos técnicos que tome como parte de la práctica de su profesión u oficio, será suficiente para triunfar en su trabajo y en la vida personal. "Tomo todos los adiestramientos, cursos y seminarios que me ofrezcan porque siempre se aprende algo", suelen decir.

Estas personas no tienen un plan para su autodesarrollo luego de haber completado su grado académico. En el mejor de los casos, estas personas van tomando cursos o adiestramientos aquí y allá, pero sin una meta definida. Esto es lo que considero "dejar al azar el desarrollo de su capacidad de respuesta". Algo tan vital, como la creación o desarrollo de sus capacidades para responder ágil y efectivamente a las oportunidades y retos que le presenta la vida, no puede dejarse al azar. Lo propio es que usted prepare un plan de desarrollo de sus capacidades, bien pensado y articulado estratégicamente al plan de acción que usted debe tener a estas alturas para moverse de su estado actual a su visión de futuro.

---

> "Lo que aprendes después de ya saber es lo que cuenta".
>
> — *John Wooden*

## Cómo preparar su plan de desarrollo

En su plan de desarrollo de capacidades usted debe incluir objetivos y actividades de aprendizaje y desarrollo en aquellas áreas que haya determinado que tiene necesidad y que son relevantes para aprovechar las oportunidades de su entorno y lograr su visión de futuro. El plan debe edificar sobre la base de conocimientos y destrezas que usted posee. Por ejemplo, en el caso de la persona cuya visión de futuro era convertirse en un empresario del campo de servicios de acondicionamiento físico, su plan de desarrollo podría incluir actividades de aprendizaje y desarrollo dirigidas a aumentar sus capacidades empresariales en áreas, tales como: mercadeo, ventas, calidad de servicio y negociación. Esto, naturalmente, asumiendo que la persona hubiese identificado las mismas como áreas de necesidad de desarrollo. Estas actividades de desarrollo se estarían realizando sobre la base de conocimientos que la persona en este caso tiene en el campo de educación y eficiencia física.

El plan no debe limitarse únicamente a actividades de aprendizaje. El mismo debe incluir otro tipo de actividades que igualmente contribuyan a aumentar sus capacidades para responder a las oportunidades y retos que se le presenten en su caminar hacia el logro de su visión de futuro. Éstas pueden incluir actividades como:

1. Negociar un acuerdo de alianza estratégica con alguna persona o entidad que pueda contribuir o influenciar, a su vez, en otros para lograr un determinado objetivo de su plan de desarrollo.
2. Conseguir el apoyo de alguna persona influyente o experta en su área de desarrollo que le asesore o sirva de mentor.

La siguiente metodología podría servirle de guía para la preparación de su propio plan de desarrollo de capacidades.

## Paso 1: Identifique las áreas específicas en que necesita desarrollarse.

a. Examine detenidamente su visión de futuro y las acciones o iniciativas que se propone tomar para llegar a ella. Pregúntese, ¿qué conocimientos o destrezas son vitalmente necesarios para realizar las acciones requeridas para lograr mi visión? Pregúntese, ¿cuáles de estas competencias poseo en este momento?, ¿cuáles no poseo y necesito desarrollar? Anote las competencias, que no posee como áreas de necesidad para fines de su plan de desarrollo.

## Paso 2: Identifique para cada área de necesidad los resultados que desea lograr y las acciones que tomará para adquirir y desarrollar los conocimientos y destrezas que no posee.

a. Examine detenidamente el área de necesidad y pregúntese, ¿qué resultado(s) específico(s) deseo lograr en esta área de necesidad?
b. Identifique los posibles cursos de acción que podría tomar para lograr los resultados deseados. Pregúntese, ¿qué acciones debo tomar para lograr los resultados antes indicados?

## Paso 3: Identifique los recursos (físicos, humanos y económicos) que necesita para realizar las acciones que debe tomar para lograr los resultados deseados.

a. En su proceso de identificación de recursos, pregúntese para cada área de necesidad y sus respectivas acciones ¿qué materiales, equipos, personas y demás recursos necesito para realizar cada acción que me propongo tomar? ¿Cuánto dinero necesito para adquirir estos recursos?

**Paso 4: Estime el tiempo que le tomará hacer las acciones de cada área de necesidad.**

a. Comience por preguntarse, ¿para cuándo debo haber logrado mi visión de futuro?

b. Partiendo de la fecha en que espera haber logrado su visión, pregúntese, ¿para cuándo debo completar el desarrollo de cada una de las necesidades identificadas?

c. Anote las fechas estimadas de inicio y terminación de cada acción para las áreas de necesidad.

d. Coteje que las fechas de terminación de las diferentes actividades de desarrollo sean consistentes con la fecha en que usted espera lograr su visión de futuro y las diferentes fases de su plan de acción. Algunas de las acciones a tomar pueden hacerse concurrentes con otras; pero habrá algunas que deban hacerse en forma secuencial.

**Paso 5: Revise continuamente el progreso de su plan de desarrollo y haga los ajustes que sean necesarios.**

a. Mensualmente tome un tiempo para revisar el progreso de su plan. Pregúntese, ¿qué he logrado hasta aquí?, ¿qué no he logrado?, ¿por qué?, ¿qué acciones correctivas o preventivas debe tomar?

b. Pregúntese, ¿qué ha cambiado en mi entorno que afecta mi plan de desarrollo?, ¿qué ajustes debo hacerle a mi plan?

c. Actualice su plan a base de los resultados de su revisión.

Con el propósito de ampliar un poco la aplicación de esta metodología, le presento un ejemplo de un plan de desarrollo. A estos fines, continuaré utilizando el ejemplo anterior de la persona cuya visión de futuro es ser empresario en el campo de servicios de acondicionamiento físico. En este caso, el plan de desarrollo podría lucir como sigue:

| RESULTADOS DESEADOS | ACCIONES A TOMAR | RECURSOS NECESARIOS | FECHAS COMIENZO - TERMINACIÓN |
|---|---|---|---|
| **A) Nivel de Individuo** **Necesidad: Relaciones humanas** | | | |
| Resultado: Aumentar mi capacidad para hacer relaciones con clientes, prospectos y demás personas que entre en contacto. | 1. Hacerme un diagnóstico de habilidades para relacionarme con las demás personas. Identificar las áreas que necesito mejorar. | Psicólogo industrial especializado en diagnóstico de destrezas.<br><br>Programa de adiestramiento en relaciones humanas | 10 al 25 enero<br><br>5 febrero al 15 junio |
| | 2. Tomar adiestramientos y hacer autoestudio sobre técnicas para relacionarse con los demás. | Libros, cd-roms y videos sobre relaciones humanas | 26-30 de marzo |
| | 3. Hacerme socio de la Asociación de Personas de Empresas y participar en sus actividades. | Presupuesto de $850 anuales | |
| **B) Nivel de Negocio** **Necesidad: Mercadeo y ventas de servicios profesionales** | | | |
| Resultado: Aplicar efectivamente conceptos y técnicas de mercadeo y ventas al desarrollo de mi negocio de servicios de acondicionamiento físico. | 1. Obtener información sobre los enfoques y métodos de mercadeo y ventas que utilizan otras empresas dedicadas a mercadear y vender servicios similares a los que me propongo vender. | Cuestionarios de encuesta y entrevistas a ejecutivos de Venta y Mercadeo. | 6 de abril al 6 de junio |

| RESULTADOS DESEADOS | ACCIONES A TOMAR | RECURSOS NECESARIOS | FECHAS COMIENZO - TERMINACIÓN |
|---|---|---|---|
| | 2. Tomar adiestramientos y hacer autoestudio en mercadeo y ventas de servicios. | Programa de Adiestramiento en Ventas y Mercadeo | 10 de mayo al 15 de agosto |
| | 3. Hacerme socio de la asociación local de Ventas y Mercadeo. | Membresía Asociación de Ventas y Mercadeo | 26 al 30 de marzo |
| | 4. Subscribirme a la Revista Millennium Marketing. | Presupuesto de $ 975 anuales | 10 al 25 de abril |

**Necesidad: Tener un mentor**

| | | | |
|---|---|---|---|
| Resultado: Prevenir y reducir los errores producto de la inexperiencia al iniciar y desarrollar mi negocio. | 1. Establecer las características y requisitos que deseo tenga el mentor. | Persona con las cualificaciones necesarias dispuesta a servir de mentor. | 10 de junio al 30 de julio |
| | 2. Identificar el mentor. | | 6 de agosto al 30 de octubre |
| | 3. Hacer las reuniones que sean necesarias para conseguir que la persona seleccionada se comprometa a servir como mi mentor. | | 3 de noviembre al 15 de diciembre |
| | 4. Hacer y ejecutar el programa de mentoría. | | Continuo |

Recuerde que este ejemplo es sólo para servirle de guía en la preparación de su propio plan de desarrollo. Por lo tanto, sea creativo y haga su propia versión. Lo importante es que tenga un plan que sistemáticamente le lleve a los resultados que usted desea en cuanto a su desarrollo.

Los deseos que no se acompañan de un plan de acción, son sólo un sueño con muy pocas o ningunas probabilidades de materializarse. Hacer el plan toma tiempo para reflexionar, pensar y prepararse; pero es ésta la mejor inversión que usted puede hacer. Esta inversión la recuperará con creces al evitar desaciertos y errores característicos del proceder a la acción en busca de resultados sin la adecuada planificación. En este sentido aplica el dicho popular que dice: "vísteme despacio que voy de prisa".

> ## "Cambia tu manera de pensar y cambiarás tu mundo".
> *Norman Vincent Peale*

# Estrategia 4

## GERENCIE SU TIEMPO, TALENTO Y TESORO

"El tiempo es la moneda de tu vida. Es la única que tienes y sólo tú puedes determinar cómo   habrás de gastarla. Ten cuidado para que otros no la gasten por ti".

*Carl Sandburg*

## Sus más preciados recursos: tiempo, talento y tesoro

En esta etapa, usted tiene claramente definida su visión de futuro, el plan de acción que necesita para alcanzar la misma y su plan de desarrollo de capacidades para hacer lo que tenga que hacer con un máximo de efectividad. Pero, la experiencia nos dice que los planes de acción se quedan en buenas intenciones cuando los mismos no se acompañan con una ejecución certera, entusiasta y apasionada de las iniciativas o acciones que contiene el mismo. La ejecución efectiva de cualquier plan requiere disciplina personal y una firme determinación para realizar apasionadamente las acciones o iniciativas planificadas.

La determinación y el entusiasmo, aunque vitales, no son suficientes. La ejecución del plan requiere además: "tiempo, talento y tesoro". El tiempo es el que usted debe asignar y dedicar sistemática y consistentemente a la realización de las tareas que requiere cada acción o iniciativa. El talento se refiere a las competencias que usted y las demás personas que intervengan en la ejecución de su plan de acción deben poseer para realizar las tareas o iniciativas incluidas en el mismo. En la Estrategia 2 usted trabajó con sus competencias y en la Estrategia 3 preparó un plan de desarrollo para aumentar sus capacidades al máximo.

El tesoro se refiere a recursos que usted necesita para la ejecución exitosa de las acciones o iniciativas que contiene su plan de acción. El tesoro, además del elemento económico, incluye otros ingredientes o elementos valiosos e importantes, tales como: salud física, emocional y espiritual, una hermosa familia y unas buenas amistades.

Como podrá imaginar, los tres recursos: tiempo, talento y tesoro son igualmente importantes para la ejecución exitosa de su plan de acción. Si falta alguno de ellos, su plan de acción se descarrilará y no podrá lograr su visión de futuro en la forma deseada.

La forma como usted administre estos tres recursos será determinante para el logro de su plan de acción. Por esta razón, dedicaremos este espacio a proveer algunos conocimientos y herramientas que permitan administrar efectivamente estos recursos en función del plan de acción estratégico.

Le exhorto a que en este proceso de autoestudio piense en usted como el gerente de su propia vida. Como gerente de sí mismo, es responsable de producir los resultados que desea en su vida. Esto debe lograrlo mediante un proceso gerencial efectivo que maximice el uso de los recursos esenciales que tiene a su disposición: tiempo, talento y tesoro. En su caso particular, los resultados que debe producir son los que estableció en su visión de futuro, al inicio del libro. Su proceso gerencial se refiere a la serie de pasos que usted tomará articuladamente en la ejecución efectiva de su plan de acción estratégico para lograr su visión de futuro, lo cual requiere la administración efectiva de sus recursos: tiempo, talento y tesoro.

Para fines de la administración de tiempo, talento y tesoro, usted tiene una buena ventaja en estos momentos. Ésta consiste en que tiene definida su visión de futuro, conoce sus capacidades, talentos y factores motivacionales, y tiene planes de acción específicos para lograr su visión y desarrollar sus competencias medulares. Éstas son herramientas vitales que ya tiene a su haber para ejecutar efectivamente su rol de gerente de su propia vida.

Por tal razón, daré énfasis en esta parte del libro en proveerle herramientas que le ayuden a administrar su tiempo y a establecer prioridades, manejar cambios personales y desarrollar una visión más amplia del concepto tesoro. Éstas le ayudarán a aprovechar oportunidades y a superar las barreras y retos que seguramente encontrará en su caminar hacia el logro de su visión de futuro. En este proceso, es oportuno recordar la famosa frase de Yogui Berra, famoso exjugador de béisbol de los Yanquis de Nueva York y miembro del Salón de la Fama:

**"Tenga cuidado si no sabe a dónde va, porque quizás no llegue".**

De modo, que mientras trabaja en su rol de gerente de su vida y en la administración de su tiempo, talento y tesoro, apéguese en todo momento a lo que es su norte: su visión de futuro.

## Administración de tiempo y prioridades

> **"Si amas la vida, no desperdicies el tiempo, pues la vida está hecha de él".**
> — *Benjamín Franklin* —

El Dr. Stephen R. Covey, reconocido autor del libro *Los Siete Hábitos de las Personas Altamente Efectivas*®, dice en uno de sus escritos: "la administración del tiempo realmente es un término erróneo; el desafío no está en administrar el tiempo, sino en administrarnos a nosotros mismos". Consistente con este pensamiento, debemos mirar la administración del tiempo como algo que va más allá de llevar una agenda o calendarización de actividades y tareas con tiempos asignados para cada cosa.

El tiempo no lo podemos controlar. El día tiene 24 horas y la semana 168. No importa lo que hagamos, el tiempo disponible seguirá siendo el mismo. A veces escuchamos a alguien decir: "mi día empieza a las cinco de la mañana y termina a las once de la noche. Tengo tantos roles y responsabilidades que el tiempo no me alcanza. Lo peor es que nunca puedo hacer todo lo que quiero. Cada día la lista de asuntos pendientes crece como la espuma,

¡necesito un día de treinta y seis horas!". Pero, si el tiempo pudiese alargarse a treinta y seis horas por día, lo más probable es que la lista de cosas pendientes al final de cada día sería todavía más extensa.

De modo, que el asunto no es el tiempo en sí; sino, lo que hacemos con el mismo. Esto nos brinda la oportunidad de administrarnos mejor y de esta manera optimizar el uso de nuestro tiempo. Dentro de este contexto, examinemos algunos conceptos claves sobre la optimización del uso del tiempo.

## Urgente versus importante

Una de las primeras cosas que usted debe saber en materia de optimización del uso del tiempo es diferenciar entre lo que es urgente y lo que es importante. Poder hacer esto nos liberará de la esclavitud de lo urgente y nos focalizará en lo que es realmente importante para nosotros. Veamos cada concepto por separado.

Comencemos por establecer que lo importante se refiere a toda tarea o actividad que se relacione y afecte de alguna forma significativa el logro de su visión de futuro, incluyendo los planes de acción y estrategias que usted haya hecho para lograrla. Cualquier tarea o actividad que demande tiempo de su parte se considerará importante si de alguna forma su ejecución contribuirá al logro de su visión de futuro o la realización exitosa de los planes de acción correspondientes. Las tareas o actividades que no tengan relación alguna con su visión de futuro o sus planes de acción se consideran como no importantes. El tiempo que usted dedique a las tareas o actividades importantes será tiempo bien utilizado. Por el contrario, el tiempo que usted dedique a actividades o tareas no importantes, será tiempo mal utilizado.

Lo urgente se refiere a toda tarea o actividad que requiera acción inmediata, porque de lo contrario, producirá consecuencias negativas. Utilizando los criterios anteriores, estas actividades o tareas urgentes pueden ser o no importantes. Interesantemente, rara vez las actividades o tareas importantes son urgentes. Por ejemplo, la planificación y la prevención son actividades muy importantes. Sin embargo, muy pocas veces he visto que alguien quiera hacer un proceso de planificación o prevención urgentemente. Pero, también, estemos claros que una vez las tareas o actividades se clasifican como urgentes, las mismas deben realizarse de inmediato para evitar las malas consecuencias que usualmente acarrea el no hacerlas con la rapidez necesaria.

La trampa de la urgencia consiste en que usted puede terminar dedicando demasiado tiempo a actividades urgentes que no son realmente importantes, ya que no contribuyen en nada al logro de su visión de futuro o los planes de acción que usted ha esbozado para lograrla. El tiempo dedicado a tareas o actividades urgentes y no importantes es tiempo desperdiciado para sus fines. Esto ocurre muy frecuentemente en organizaciones, lugares de trabajo o escenarios donde hay poca o ninguna planificación y existe un ambiente de "apaga fuegos". En este tipo de ambiente, las personas son propensas a caer en la "trampa de la actividad". Es decir, se trabaja arduamente, se hacen muchas cosas, pero muy pocas, si alguna, contribuyen o se relacionan a los objetivos o resultados deseados conforme a la visión de futuro. Todo el tiempo dedicado a esta clase de actividades o tareas se convierte en desperdicio, no sólo de tiempo, sino de recursos físicos, humanos y económicos.

## Clarificación de roles

Los roles son los varios papeles que desempeñamos como individuos en diferentes escenarios de nuestra vida personal y profesional. Tenemos roles en nuestra familia, la iglesia, el trabajo, la escuela o universidad, la comunidad, entre otros. En cada uno de estos escenarios tenemos roles diferentes. Por ejemplo, en la familia tenemos roles, tales como: padre, madre, hijo y esposa. En el trabajo tenemos roles, tales como: supervisor, compañero de equipo de trabajo y líder de un comité. En la iglesia tenemos roles de feligrés, integrante de comité, entre otros.

Cada uno de estos roles conlleva el descargue de responsabilidades. Por lo tanto, el cumplimiento con cada rol requiere realizar determinadas tareas y actividades. De modo, que hay que asignarles y dedicarles tiempo... mucho tiempo. En unas ocasiones tenemos mucha exigencia de tiempo de parte de uno u otro rol. A veces tenemos la situación de varios roles demandando mucho tiempo simultáneamente. Hay veces que sentimos que no podemos dedicar tiempo a todos los roles. ¡Las 24 horas, ni los 7 días de la semana serían suficientes para atender las demandas de tiempo de todos esos roles!

Por ello, es necesario que usted comience por identificar sus roles y clarificar las responsabilidades de cada cual. Es importante que pueda establecer si responsablemente dispone del tiempo requerido para atender satisfactoriamente las exigencias de todos los roles que identificó. Esto puede ponerle ante la decisión de eliminar algunos de sus roles actuales y poner en suspenso otros hasta tanto disponga del tiempo para atenderlos bien. El objetivo es que logre un balance entre la cantidad de roles que decida tener y el tiempo que realmente tiene disponible para cumplir con las responsabilidades de los mismos.

Obviamente, esto no es tan fácil. Su análisis de roles puede ponerle ante decisiones muy difíciles e impopulares. Por ejemplo, en su análisis de roles puede llegar a la conclusión de que sus roles de padre o madre, estudiante universitario, esposa y supervisor en su trabajo le consumen todo el tiempo que tiene disponible... y todavía le falta tiempo para su rol más importante, el personal. Ante esta situación se enfrenta a la difícil decisión de distribuir el único tiempo disponible que tiene entre un mayor número de roles o reducir su número de roles y asignarles más tiempo.

La dificultad de este tipo de decisión es que en algunos de estos roles existen lazos emotivos que pueden afectarse al decidir quitarle tiempo a unos para darlos a otros. Por ejemplo, podría llegar a la decisión de reducir el tiempo que dedica actualmente a su mejor amigo debido a que necesita el tiempo para dedicarlo a su rol de estudiante universitario. Al hacer esto, su mejor amigo va a reaccionar reclamándole que ya no le visita, ni comparte su amistad como antes. En este caso, su decisión de manejo de tiempo afectará su rol de amigo y podría afectar adversamente su relación con él.

Puesto que la cantidad de roles y su naturaleza son un factor determinante en el uso efectivo de su tiempo, es necesario revisar semanalmente los mismos y tomar decisiones sobre el tiempo que le dedicará a cada uno. El siguiente ejercicio le ayudará a practicar la revisión semanal de sus roles con el propósito de optimizar el uso de su tiempo.

## EJERCICIO DE ROLES

| | |
|---|---|
| **Objetivos:** | • Identificar sus roles personales y profesionales. <br> • Seleccionar los roles a trabajar durante esta semana. <br> • Asignar la cantidad de horas a cada rol. |
| **Instrucciones:** | • Identifique sus roles. <br> • Seleccione los roles que desea trabajar esta semana. <br> • Asígnele a cada rol la cantidad de horas que le dedicará durante la semana. |

| Roles a trabajar esta semana | Tareas de esta semana para cada rol | Horas asignadas a cada tarea |
|---|---|---|
| | | |
| | | |

| Roles a trabajar esta semana | Tareas de esta semana para cada rol | Horas asignadas a cada tarea |
|---|---|---|
| | | |
| | | |
| | | |
| | | |
| | | |
| | | |
| | | |
| | | |

# La fuerza de los hábitos

En el proceso de análisis de cómo utiliza su tiempo, usted descubrirá que hace muchas tareas y actividades por la fuerza de sus hábitos. Los hábitos son comportamientos aprendidos. Es el uso y costumbre de hacer algo, lo cual podría tener o no tener vigencia en el momento actual. En la medida que se hagan cosas por uso y costumbre, y no tengan vigencia alguna en el momento actual, se estaría desperdiciando tiempo valioso que podría dedicarse a tareas o actividades importantes para su visión de futuro. Por ello, es importante que analice sus hábitos para determinar cuáles ameritan cambiarse o mejorarse para lograr una mejor utilización de su tiempo.

# Manejo de prioridades

Establecer sus prioridades es un proceso relativamente sencillo una vez usted ha determinado sus metas, identificado las actividades claves que debe realizar para lograrlas, definido sus roles y diferenciado lo que es importante de aquello que no lo es. Estas tareas o actividades deberán estar alineadas con el contenido del plan de acción estratégico que preparó para lograr su visión de futuro y su plan de desarrollo de capacidades.

Para su mejor conveniencia, podría clasificar las tareas o actividades en su lista a base de tipo de prioridad. Por ejemplo; prioridades tipo A podrían ser tareas o actividades que tienen que hacerse con prioridad. No hay otra opción porque son vitales para que ciertas cosas importantes ocurran. Prioridades tipo B podrían ser aquellas tareas o actividades que es necesario hacer, pero que se tiene alguna flexibilidad para hacerse en segunda instancia, sin afectar el resultado final de su plan de acción. Prioridades tipo C son las tareas o actividades remanentes en su lista. Recuerde, todas las actividades y tareas en su lista son importantes porque todas son necesarias para lograr su plan de acción.

Preparar semanalmente una hoja de planificación y utilización del tiempo como la indicada a continuación podría ayudarle a manejar efectivamente sus prioridades y optimizar el uso de su tiempo. Lo más importante de esto no es preparar la hoja; es el proceso que usted utilizará al hacerla. El mismo requerirá pensamiento y toma de decisiones. Utilice el siguiente modelo como guía para planificar cada semana en función de los objetivos (resultados) que desee alcanzar en la misma. Convierta esta práctica en un hábito.

# HOJA DE PLANIFICACIÓN DE LA SEMANA

**PARA LA SEMANA QUE COMIENZA EL _____ DE _____ DE _____**

**OBJETIVOS**

1. _____

_____

2. _____

_____

| Actividades / Tareas | Prioridad (A, B, C) | Tiempo Estimado | Dia para Realizarla |
|---|---|---|---|
| | | | |
| | | | |
| | | | |
| | | | |

# Método para administrar sus prioridades y optimizar la utilización de su tiempo

El logro de su visión de futuro y el plan de acción que usted hizo para lograrla, depende de cuán efectivo sea en el manejo de sus prioridades y la utilización de su tiempo. Esto requiere compromiso y mucha disciplina de su parte puesto que probablemente conllevará cambio de hábitos y formas diferentes de hacer las cosas. Seguramente requerirá desaprender muchas cosas, aprender otras y crear nuevos hábitos. Como esto no es fácil, requiere un compromiso grande de su parte. Es parte del precio que debe pagar para obtener los beneficios del logro de su visión de futuro.

Partiendo de este compromiso, le sugiero poner en práctica la siguiente metodología para maximizar la utilización de su tiempo.

1.  Adopte la práctica de revisar semanalmente sus metas, roles y prioridades, y asignarle a cada cual los tiempos correspondientes. En este proceso, cuestione continuamente la utilización de su tiempo. Hágase preguntas, tales como: ¿estoy haciendo el mejor uso de mi tiempo en este momento?, ¿puedo hacer estas tareas o actividades de una manera más efectiva?, ¿tengo algún hábito que está interfiriendo con la utilización efectiva de mi tiempo?, ¿están mis tareas y actividades contribuyendo a mi visión de futuro y los planes de acción relacionados? Luego identifique las desviaciones y tome acción para corregir las mismas.

2.  Mantenga un calendario actualizado y consistente con la lista de tareas y actividades priorizadas según establecidas en la hoja de planificación de la semana.

3.  Evite procrastinar o dejar de hacer algo importante. Hay tareas o actividades que son importantes, pero se tiende a posponerlas porque quizás no son agradables. Procure vencer esta tendencia buscando formas creativas, alegres y agradables de realizar dichas tareas o actividades.

4.  Explore la posibilidad de combinar tareas o actividades para realizarlas concurrentemente en un mismo tiempo. Por ejemplo,

escuche una cinta de algún libro mientras realiza su rutina de ejercicios o viaja en su automóvil.

5. Establezca balance en el tiempo que dedique a sus diferentes roles y actividades. Es necesario planificar tiempos para dedicarlos a su persona en el plano mental, espiritual, físico y social. Usted es un ser humano integral y como tal necesita cultivar su mente, su espíritu, su físico y sus relaciones con las personas que son importantes en su vida. Asignarle un tiempo razonable a cada uno de estos elementos es vital para su buen funcionamiento. Asigne tiempo para meditar, reflexionar y aumentar sus niveles de energía. Esta es la mejor forma de cuidar y mantener su capacidad personal de producción.

6. Evite los consumidores de tiempo, tales como la desorganización, la mala planificación, las tareas o actividades improvisadas, retrabajos, las interrupciones, las reuniones improductivas, etcétera.

7. Focalice la realización de sus tareas o actividades en el logro de resultados. Siempre pregúntese, ¿qué resultado deseo lograr de esta tarea o actividad?, ¿contribuye esto a mis metas?

## Manejo de cambios personales

En esta etapa del libro, imagino que ya tiene identificados una serie de cambios que desea hacer en el ámbito personal y profesional para viabilizar la realización de su nueva visión de futuro. Esos cambios podrían girar, por ejemplo, en torno a su forma de pensar y enfocar ciertos aspectos de su trabajo o vida personal. También podrían estar relacionados a su decisión de cambiar ciertos hábitos o comportamientos. Incluso, podrían estar relacionados a un cambio de empleo, ocupación o lugar de residencia.

Pero en cualquier caso, es importante que adquiera suficientes destrezas para comprender y manejar efectivamente el proceso de cambios y transiciones a los cuales se enfrenta en éste tipo de situaciones. Esto debe realizarlo de forma ágil, rápida y flexiblemente. Como inicio a ese proceso de preparación que debe realizar para manejar sus propios cambios, examinaremos algunas ideas y conceptos básicos. En este proceso, procure relacionar dichos conceptos con experiencias de cambios personales que usted haya tenido y analice cómo manejó su proceso de cambio en cada ocasión. Luego, coloque en perspectiva los cambios personales y profesionales que se propone hacer como parte de su plan de acción estratégico para lograr su visión de futuro. Como parte de este proceso, pregúntese; ¿cómo puedo aplicar estos conceptos de manejo de cambios a mi situación particular? ¿Cómo se responde al cambio?

## ¿Cómo se responde al cambio?

Las personas responden de diferentes maneras al cambio. Dependiendo de la naturaleza del cambio y su efecto en la persona, ésta reaccionará de diversas maneras. Un cambio puede impactar a la persona en su parte emocional, física y mental. En el elemento físico, la persona puede experimentar, por ejemplo, agotamiento, dolores estomacales, insomnio, etc. En el ámbito mental se puede experimentar confusión y dificultad para concentrarse. En lo emocional se pueden tener sentimientos de temor, ansiedad y coraje. En cada uno de estos casos, se puede esperar reacciones diferentes de las personas, dependiendo de la magnitud del efecto del cambio y la fortaleza física, mental y emocional de la persona.

El manejo de cambios plantea la necesidad de que la persona desaprenda conceptos obsoletos, cambie paradigmas limitantes y aprenda a mirar el mundo que le rodea de forma diferente. Esto requiere desarrollar actitudes y destrezas especiales que le permitan a la persona manejar efectivamente las transiciones inherentes al proceso de cambio. Lo cual también proveerá a la persona la fortaleza necesaria, seguridad y capacidad de aguante para superar las turbulencias que enfrentará en el proceso de cambio y transición. Pero sobre todo, le permitirá ver las oportunidades que trae todo proceso de cambio y la posibilidad de capitalizar en ellas.

# Fases de la transición del cambio

Las personas que están atravesando un proceso de cambio pasan por una transición que comprende cuatro fases: **(1) negación, (2) resistencia, (3) exploración** y **(4) compromiso.** Para ver los cambios como algo natural, deseable, lleno de oportunidades y prepararse para superar los retos inherentes a los mismos, comience por conocer y comprender cada una de estas fases e identifique cómo reaccionar a las mismas.

### Fase de negación

La negación se manifiesta usualmente como un golpe o choque. La persona en esta etapa se niega a aceptar que su realidad ya no es la misma y se comporta como si "aquí no ha pasado (ni va a pasar) nada". Si usted está en un proceso de cambios en estos momentos, debe observar si sus reacciones son indicativas de que está en etapa de negación. Si este fuera el caso, algunas acciones que podría tomar para salir de esta etapa son las siguientes:

1. Tome la decisión de enfrentarse al cambio con una mentalidad positiva.
2. Obtenga información relevante al cambio y aprenda lo más posible sobre el mismo. Busque contestaciones a preguntas, tales como: ¿en qué consiste el cambio?, ¿por qué ocurre?, ¿quién se va a afectar con el mismo y cómo?, ¿qué oportunidades pueden haber en el proceso?, ¿qué retos están presentes?
3. Identifique los sentimientos, las emociones y los comportamientos que le está produciendo el cambio y manéjelos con una mentalidad positiva, pero realista.
4. Dese tiempo para acostumbrarse a la idea del cambio.
5. Obtenga apoyo de alguna persona que pueda asesorarle o darle consejo sobre cómo manejar efectivamente el impacto del cambio, sus emociones y sentimientos.

### Fase de resistencia

Comencemos por reconocer que ésta es la fase más difícil de manejar. La percepción en esta etapa es que las cosas empeoran, lejos de mejorar.

Aumentan las quejas, las críticas destructivas, el coraje, la confusión, la búsqueda de culpables, el estrés y la ansiedad. Todo esto se convierte en una fuerza que desacelera o detiene el movimiento. La persona en esta etapa es dominada por el negativismo y escepticismo e incluso llega a dudar de sus propias capacidades para sobrevivir al cambio. En estas condiciones la inseguridad y el desasosiego se apoderan de la persona y drena su capacidad productiva. Esto ocasiona disloques en el proceso natural de desarrollo del cambio y puede hacer que el mismo se atrase o fracase rotundamente.

Si usted se encuentra en esta fase del cambio, procure tomar medidas que le muevan rápidamente a la siguiente etapa del proceso. Por ejemplo, usted podría tomar las siguientes medidas:

1. Reconozca que la resistencia es un proceso natural y manejable. El problema no es realmente la resistencia; sino la forma como se reacciona al cambio.

2. Mantenga una mentalidad positiva y realista. Evite las creencias limitantes, tales como: "yo nací así, no puedo cambiar", "en esta etapa de mi vida no puedo cambiar", "no puedo hacerlo porque no tengo recursos", etc.

3. Focalice sus energías en identificar y aprovechar las oportunidades que puedan estar presentes en el proceso de cambio.

4. Continúe obteniendo información objetiva sobre el progreso del cambio. Manténgase bien informado. Focalice en hechos y datos y evite ser presa de rumores, conjeturas y percepciones erróneas.

5. Continúe obteniendo apoyo y asesoramiento de la persona de confianza que escogió para ayudarle a manejar su proceso de cambio. Exprese y procese sus sentimientos con ella. Escuche objetivamente su retroinformación.

### Fase de exploración

En esta fase la persona siente un respiro, percibe que hay esperanzas, y comienza a ver un panorama más positivo. Las tensiones manifestadas en las etapas anteriores han disminuido y la persona empieza a mirar al futuro con optimismo y como fuente de oportunidades. La persona siente que hará bien la transición del cambio. Ésta es la etapa de la energía creativa. Se comienza a descubrir y explorar nuevas formas de hacer las cosas. Sin embargo, aunque hay energía y muchas ideas, todavía no se está totalmente enfocado. Puede haber algo de confusión, un poco de caos y estrés. Esta es una fase en la que ocurre mucho aprendizaje y desarrollo de competencias, lo cual permitirá fortalecer el proceso de cambio.

Si usted se encuentra en esta fase del cambio, acciones como las indicadas a continuación le ayudarán a manejar efectivamente la misma y a moverse efectivamente hacia la siguiente.

1. Mantenga su mentalidad positiva y continúe alerta al progreso del cambio y las oportunidades a su disposición.
2. Establezca objetivos a corto plazo para hacer realidad el cambio.
3. Establezca una red de apoyo constituida por personas o entidades que le puedan ayudar a lograr sus objetivos en el proceso de cambio.
4. Mantenga control sobre el proceso de cambio.
5. Explore alternativas con su persona de apoyo sobre la mejor manera de lograr el cambio.
6. Adquiera conocimientos y destrezas que le ayuden a realizar exitosamente su proceso de cambio.
7. Celebre sus logros, reconózcase a sí mismo.

**Fase de compromiso**
Cuando la persona llega a esta fase, ha vencido los temores al fracaso, superado las frustraciones, descubierto nuevas formas de hacer las cosas y se ha adaptado a la nueva situación. En esta fase, la persona comienza una nueva forma de actuar. Esto puede ser una forma diferente de comportarse, hacer un trabajo de manera diferente o comenzar en un nuevo trabajo. En este nuevo escenario, producto del cambio, la persona concentra todas sus energías en lograr exitosamente el nuevo comportamiento o el nuevo trabajo, según sea el caso. En esta etapa la persona está enfocada en el

futuro y se muestra confiada, apasionada y comprometida con el cambio. Cuando se alcanza el compromiso se dan dos resultados muy importantes: crecimiento y adaptación.

Si usted se encuentra en esta fase de su proceso de cambio, las siguientes acciones podrían ayudarle a completarla exitosamente.

1. Mantenga la focalización en los resultados que desea lograr del cambio.
2. Cumpla a cabalidad con su plan de adquisición y desarrollo de conocimientos y destrezas.
3. Revise semanalmente el progreso de su implementación del cambio y tome las acciones correctivas o preventivas que correspondan.
4. Celebre sus logros, reconózcase a sí mismo.

## Planificación del cambio

Aquellos cambios que son producto de su propia decisión, tales como los que usted decidió hacer como parte de su plan de acción para lograr su visión de futuro, deben ser planificados. Usted estará en posición de ventaja y mejorará sus probabilidades de éxito en cuanto al logro de su visión, si planifica con tiempo los cambios que desea hacer en el plano personal y profesional. Con el propósito de optimizar su proceso de planificación del cambio, considere tomar las siguientes acciones:

1. Examine detenidamente su plan de acción para lograr la visión de futuro que preparó como parte de los ejercicios de la Estrategia 1. También, examine el plan de desarrollo de capacidades que preparó como parte de la Estrategia 2. Identifique en estos planes dos o tres cambios de mucho impacto que deba realizar en el plano personal y profesional. Procure que los cambios seleccionados sean de tal importancia que al lograrlos pueda señalarlos como la clave del éxito en su vida personal o profesional.
2. Establezca los resultados que desea lograr de cada cambio.

3. Para cada cambio realice un análisis de oportunidades, factores favorables y barreras u obstáculos potenciales que podrían interferir con el logro exitoso del mismo.

4. Diagnostique su preparación física, mental y emocional para manejar exitosamente las diferentes fases del cambio. Utilice la descripción anterior de las diferentes fases del cambio para cuestionarse y anticipar sus posibles comportamientos cuando esté pasando por cada etapa. Anticipe posibles escenarios y cursos de acción para el manejo de su transición cuando esté pasando por cada cambio.

5. Utilizando los resultados del análisis anterior y su diagnóstico de posibles escenarios, problemas y situaciones, identifique recursos, personas o entidades que en el momento adecuado puedan ser su red de apoyo para fines de su transición en el cambio.

6. Prepare un cronograma con los objetivos o resultados esperados de cada cambio, las acciones claves que usted realizará en cada fase del cambio, las personas o entidades que participarán como parte de su red de apoyo y las fechas claves en que debe empezar y concluir cada etapa del cambio.

7. Establezca una forma o sistema de medición y evaluación de progreso del cambio.

8. Evalúe mensualmente los resultados de su proceso de cambio y tome las acciones correspondientes.

Como puede imaginar, no se puede evitar que le afecte el cambio; pero puede aprender a manejarlo efectivamente. Esto naturalmente requiere mucha disciplina personal y aprendizaje y desarrollo de nuevas actitudes, conocimientos y destrezas. Esto le permitirá controlar su respuesta interna o emocional al cambio y sus reacciones al mismo. También, puede influenciar en el proceso de cambio y en los resultados que pretende lograr del mismo si realiza una buena planificación al respecto.

# Multiplique su tesoro

Al inicio de esta estrategia establecimos que para lograr aquello que se ha propuesto conforme a su visión de futuro, necesita tener tres cosas fundamentales: talento, tiempo y tesoro. Hasta aquí usted ha trabajado con el descubrimiento, análisis y desarrollo de su talento refiriéndose a sus competencias, habilidades y atributos de personalidad que le distinguen como ser único en el universo. También, trabajó con la administración de su tiempo, sin el cual tampoco podría lograr mucho. Pero, aún teniendo talento y tiempo, todavía necesita tesoro para lograr lo que se ha propuesto.

Para muchas personas "tesoro" significa dinero o riquezas económicas. En este sentido, podría entenderse que "para lograr cualquier cosa valiosa en esta sociedad se necesitan muchos recursos económicos". "¿Cómo puedo lograr mis metas, si no tengo dinero para realizar los planes que tengo en mente?", dirán algunos. Declarada esta creencia, lo próximo es decir, "no puedo" y abandonar los planes. Bueno, no quiero que esto le pase a usted, sin antes darse la oportunidad de explorar la idea de que, no importa cuán ambiciosos sean sus planes, posee más "tesoro" de lo que piensa, y sí puede lograr sus planes y su visión de futuro, provisto que desarrolle la mentalidad correcta. A esos efectos, no olvide lo que establecimos al inicio del libro: la mente es su recurso más valioso. Es en ella donde todo comienza.

Cónsono con este concepto amplio de lo que en mi opinión es "tesoro", permítame proponer una definición más amplia de este término. En mi idioma, "tesoro", incluye todos aquellos bienes: físicos, económicos, mentales, espirituales y emocionales que tenemos a nuestra disposición para funcionar y lograr la misión que tenemos en esta vida. Así pues, una buena salud (física y emocional), abundante capacidad intelectual, suficientes recursos económicos, un buen hogar, una buena red de amigos y relaciones, una familia maravillosa, una buena preparación académica, un buen trabajo y una excelente relación con Dios, son sólo algunos ejemplos de lo que podría ser su "tesoro". Cuando miramos nuestro "tesoro" en esta forma, no hay duda de que las posibilidades de alcanzar nuestros planes en la vida se magnifican. Ya no es tan fácil decir, "no puedo porque no tengo recursos". Al inicio del libro se estableció el poder de la mente en la realización de las cosas. Toda cosa que podemos palpar con nuestros cinco sentidos fue primeramente creada en la mente. El "tesoro" que podamos tener no es excepción. Analice los bienes que usted posee y se dará cuenta que primero ocurrieron en su mente. Luego vinieron a manifestación en su realidad material. Es decir, nuestros pensamientos y palabras gobiernan nuestra demostración física del "tesoro", según definido anteriormente. A las riquezas, en el sentido amplio, se les da forma primero en la mente y mediante la fe expresada en afirmaciones positivas y acciones concretas, las traemos a manifestación en nuestra realidad. Recordemos que la fe "es la certeza de lo que se espera, la convicción de lo que no se ve". Debemos creer que tenemos una fuente interna de ideas, las cuales representan riquezas en el sentido amplio de la palabra; pero debemos aceptar que es la fe la que realmente traerá esas ideas y riquezas a manifestación en nuestra realidad.

No tenga duda de que existe una gran riqueza de pensamientos oculta en cada uno de nosotros. Estos pensamientos están presos en el subconsciente de nuestras mentes y sólo esperan liberarse para trabajar a nuestro favor. Quizás por eso, el rey Salomón, siendo posiblemente el hombre más rico de su época, sólo pedía a Dios sabiduría e ideas. De modo, que nuestro reto es liberar esa gran riqueza de pensamientos que tenemos a nuestra disposición en nuestro interior, especialmente los pensamientos de abundancia.

El universo está lleno de abundancia, la cual está a nuestra disposición. Siempre y cuando seamos conscientes de ello y tengamos la apertura y la fe necesaria para recibirla. Por ejemplo, no hay escasez en el aire que respira, pero si cierra los pulmones y rehúsa respirar, no lo obtendrá y terminará sofocado. Por el contrario, cuando reconoce la abundancia del aire, abre sus pulmones y respira profundamente, logra una mayor aspiración.

Esto es lo que sucede cuando se es consciente de las riquezas del universo y se adopta una mentalidad de abundancia y prosperidad. En este caso se está abriendo la mente a un fluir continuo de ideas llenas de abundancia, las cuales unidas a la fe se transforman en riquezas que formarán el tesoro.

En este proceso, cuídese de no permitir que las creencias de escasez a su alrededor penetren en usted, le creen temores e impidan que se materialicen sus deseos. Por ejemplo, cuando surge una creencia general de que existe una depresión financiera o una recesión económica, se crea una mentalidad colectiva de escasez, "las cosas están muy malas", suelen decir las personas. El resultado es que se aguanta todo y el proceso económico se bloquea. Las cosas no se desarrollan como esperamos, se apodera el miedo y surge el estancamiento económico. Es interesante que en las recesiones o depresiones económicas siempre haya personas que hacen dinero y prosperan de diversas maneras. ¿Qué hace diferente a estas personas?

Puede haber diferentes razones, pero usualmente se debe a que estas personas poseen una mentalidad de abundancia y prosperidad, aún en tiempos de recesión o depresión económica. Esto me lleva a sugerir que no se deje someter a pensamientos de temor y carencia vigentes a su alrededor porque en realidad no los hay. La única carencia está en la mente de las personas cuando el temor, la falta de fe, el negativismo y la inacción se apoderan de ellas. El hecho de que no se estén dando los resultados que se desean o si los mismos se tardan en llegar, entonces es el momento de practicar la paciencia, la persistencia y la fe. Esto le llevará más adelante a triunfar aunque no necesariamente en el tiempo que usted había planificado.

Lo anterior me permite extrapolar que usted no sólo tiene el "tesoro" que necesita para lograr su visión de futuro y los planes que se ha forjado; sino que tiene la capacidad de multiplicarlo. Esto es así porque su "tesoro" será la expresión material de su mentalidad de abundancia y prosperidad, acompañada de las acciones que usted ha plasmado en su plan de acción para lograr su visión de futuro.

Entre estas acciones deberá incluir la búsqueda de los recursos económicos que necesita y la preparación de un presupuesto para financiar las actividades de su plan de acción. Pero, recuerde que esto es sólo parte del "tesoro" que ya usted posee. Recuerde, además, que su presupuesto es sólo la expresión numérica de su plan de acción. Por lo tanto, es un medio para viabilizar su plan y su visión de futuro; no es un fin en sí mismo.

# Estrategia 5

## SEA SU PROPIO PROMOTOR

"Ninguna cantidad de dinero ha hecho
a un buen soldado, un buen maestro,
un buen artista o un buen trabajador".
*John Ruskin*

## Usted siempre está en el lugar correcto, en el momento correcto

La ruta que usted se ha trazado para alcanzar su visión de futuro está llena de oportunidades. No tenga la menor duda de esto. Recuerde que somos parte del universo, y por tal motivo estamos sujetos a sus leyes. Éstas nos aseguran igualdad de oportunidades a todos para nutrirnos de las inagotables riquezas que el universo tiene para nosotros. Podemos estar seguros de que tenemos acceso ilimitado a la abundancia que nos rodea, siempre y cuando tengamos los pensamientos correctos y hagamos las cosas correctas. No es cuestión de suerte, ni tampoco es como propone el dicho popular de que "hay que estar en el lugar correcto, en el momento correcto". En realidad, siempre estamos en el lugar correcto, en el momento correcto, provisto que tengamos nuestra mente bien "afinada", con las creencias, pensamientos y actitudes correctas, como indiqué al inicio del libro. Y, por supuesto, que tampoco nos dejemos absorber por la rutina diaria y los problemas del día a día hasta el punto de no percatarnos de las oportunidades que están ante nuestros propios ojos.

En su caminar hacia el logro de su visión va a tener a su disposición abundantes oportunidades. Muchas veces las mismas serán evidentes y fáciles de identificar y capitalizar en ellas. En muchas otras ocasiones, las oportunidades se presentarán y no serán visibles a simple vista. Para verlas será necesario que use su intuición y se despoje de determinadas creencias y formas de pensar que podrían ser limitantes para lograr la visibilidad necesaria de las oportunidades.

Como hemos mencionado, aprendimos conceptos y formas de hacer las cosas que no necesariamente tienen relevancia para el momento histórico que vivimos. En el mundo del trabajo, por ejemplo, se nos enseñó que teníamos que ser humildes, queriendo esto decir que las personas no deben andar publicando sus logros, éxitos y sus méritos personales. "Deja que la calidad y el valor de tu trabajo hablen por ti...", solían decirnos nuestros antepasados. Pero, ¿cuán válido es este aprendizaje en este momento?, ¿cuántas personas han perdido la oportunidad de conservar su empleo, conseguir uno nuevo o una mejor compensación, porque las personas que tomaban las decisiones en su organización desconocían sus méritos, logros y capacidades?

En estos casos, las personas seguramente tuvieron ante sí muchas oportunidades para dar a conocer sus logros y méritos e incluso competir en buena lid por algún puesto. Pero su creencia de que no es propio estar publicando sus éxitos y atributos personales, su concepto de la humildad, le impidieron darse a conocer con las personas que tomaban las decisiones y competir meritoriamente por el nuevo puesto o conseguir una mejor remuneración. Hacer tal cosa la consideraron impropia porque eso sería faltar a sus principios de humildad.

Entonces, uno se pregunta, ¿cuántas oportunidades se le escapan diariamente a personas debido a pensamientos o creencias que no responden adecuadamente a las realidades del nuevo mundo que estamos viviendo? ¿Cuántas otras se le escapan porque ni tan siquiera sospechan que las situaciones que tienen ante sí representen oportunidades?

En términos de aprovechar oportunidades, pienso que siempre estamos en el lugar correcto, en el momento correcto. El problema no es que no haya oportunidades. El problema es que no vemos esas oportunidades o las evaluamos incorrectamente a base de creencias inadecuadas para el momento histórico que vivimos. Para prevenir que esto suceda, es necesario ser consciente de las barreras que forman las creencias limitantes que surgen de pasadas malas experiencias o aprendizajes que ya no son relevantes para las nuevas realidades que enfrentamos en el mundo de hoy. En su caso, estas barreras son las que pueden llevarle a pasar por alto oportunidades que seguramente se van a presentar a diario en su caminar hacia el logro de su visión de futuro.

Ante esa posibilidad, es necesario que esté en la mejor disposición de abrirse a nuevas creencias y formas de pensar y actuar con respecto a la utilización de conceptos y métodos de mercadeo, que podrían formar parte de sus iniciativas para lograr su visión de futuro. Esta nueva forma de pensar requerirá que, como persona capaz con una visión de futuro claramente definida, se visualice como si fuera un nuevo producto que debe lanzarse al mercado utilizando las metodologías más avanzadas de mercadeo. Esto presupone la preparación de un plan que promueva su visión de futuro, capacidades humanas, la excelencia de su desempeño y los logros que pueda estar teniendo en los diferentes escenarios en que usted se desenvuelve.

## Conviértase en su propio promotor

Como puede observar, la utilización del enfoque de mercado antes descrito parte de la premisa de que usted, como persona capaz, con una visión sólida de futuro y una mente bien "afinada", será el eje central de su plan de promoción. Esto presupone que utilice conceptos y enfoques medulares de mercadeo que apoyen el logro de sus planes de acción preparados en ejercicios anteriores para afianzar el logro de su visión de futuro. A esto le llamaremos su plan de automercadeo. Esto quiere decir que no es suficiente el haber preparado su visión de futuro y los planes de acción correspondientes. Además, es necesario que se atreva a convertirse en su propio promotor.

La utilización de enfoques y métodos de mercadeo es ampliamente reconocido y aceptado cuando se trata de empresas comerciales. Pero, cuando se trata de su aplicación en el plano de desarrollo de carrera de la persona, usualmente la primera reacción es de rechazo. Esto se debe mayormente a malas experiencias vividas con personas que han hecho mal uso de ciertas técnicas y enfoques dirigidos a crear o mejorar su imagen personal y profesional. Lo cual ha propiciado el desarrollo de creencias generalizadas que no hacen justicia al valor del uso apropiado de conceptos de mercadeo para fines de mejoramiento y desarrollo de una carrera.

Me refiero a creencias limitantes, tales como las siguientes:

1. Las personas deben ser humildes y no estar presumiendo con aquello que logran. Eso es venderse, en vez de dejar que los logros hablen por sí mismos.

2. Las personas que continuamente están vendiéndose son arrogantes, están necesitadas de reconocimiento.

3. Las personas que hablan mucho de sí mismas no son bien aceptadas por los demás.

No permita que creencias como éstas se apoderen de su pensamiento. Si lo hace, éstas se convertirán en barreras para el uso de conceptos y métodos de mercadeo que correctamente utilizados le ayudarán a lograr su visión de futuro en el plano personal y profesional.

En este momento histórico que vivimos, cuando todo cambia y se mueve a la velocidad del rayo, las personas están tan inmersas en sus propias tareas y proyectos que apenas dedican tiempo a otras cosas. En este escenario, muy pocas personas notarán su buen trabajo, su potencial de desempeño e incluso sus logros y capacidades, a menos que usted haga algo para darlos a conocer. Esto, naturalmente, sin faltar a los principios de humildad y prudencia que deben caracterizar los comportamientos de cualquier ser humano.

## Cuatro principios de mercadeo relevantes a su rol de promotor

Comenzaré por establecer que una cosa es venderse y otra es mercadearse. Además de la connotación negativa que muchas veces se le otorga a estos términos, tampoco son sinónimos. Los procesos de venta son parte del proceso de mercadeo. De modo, que cuando le exhorto a utilizar enfoques y métodos de mercadeo, me refiero al uso de lo que en mercadeo se conoce como las 4P's (por sus siglas en Inglés).

Esta abreviación se refiere a los elementos básicos que contiene el proceso de mercadeo: (1) producto, (2) precio, (3) canales de distribución del producto, y (4) promoción. Hay quienes añaden una quinta "P" para referirse a la creación de relaciones de excelencia con los clientes y prospectos. Para fines de simplicidad, nos mantendremos dentro del concepto básico de las 4P's. Veamos que significa cada una de ellas en función de su rol de promotor de su carrera y desarrollo profesional.

**Producto**

El producto es el objeto que se crea, diseña, manufactura o produce con el propósito de ponerse a la venta y llenar las necesidades de sus consumidores. El producto puede ser un objeto material como, por ejemplo, equipos y maquinaria. Pero también, puede ser algo intangible como un servicio. En uno u otro caso, el elemento producto conlleva la realización de investigaciones de mercado, tales como: necesidades y preferencias de los consumidores potenciales, factores de competencia, entre otros. Esta información es utilizada para crear y diseñar el producto.

De manera similar, usted puede comenzar por verse y definirse como un producto. En los ejercicios realizados hasta aquí, usted ha identificado sus talentos, habilidades, competencias motivantes, fortalezas y logros significativos. También, identificó sus áreas de mejoramiento y formuló un plan de desarrollo de sus capacidades en función de su visión de futuro.

Ahora usted se conoce muy bien en términos de sus capacidades y lo que quiere lograr a corto y largo plazo como persona y como profesional. Por lo tanto, el primer elemento de la fórmula de mercadeo, que es producto, usted lo tiene mayormente trabajado. Sólo le faltan unas pocas cosas para completar esta etapa del proceso de mercadeo. Veamos qué cosas podría hacer para completar esta fase.

1. Identifique los lugares, entidades y personas a las cuales usted va a dirigir sus esfuerzos e iniciativas de automercadeo. Tomando en consideración las cosas que necesita hacer y lograr para alcanzar su visión de futuro, ¿en qué lugares (asociaciones, instituciones, países, regiones) se debe conocer quién es usted y qué es capaz de hacer y aportar? ¿Qué personas deben saberlo? ¿Qué preferencias y gustos tienen estas personas? ¿Por qué estas personas querrían apoyarlo para lograr sus objetivos y aspiraciones? Buscar este tipo de información es importante para que focalice sus esfuerzos de mercadeo en sus fortalezas, talentos y habilidades justo en los lugares, las entidades y las personas que realmente le interesan.

2. Determine los logros, méritos, atributos y características de personalidad que desea destacar al presentarse en los lugares, entidades y personas que seleccionó para focalizar sus esfuerzos de automercadeo. Cuando usted se presenta a una persona, ¿qué impresión quiere dejar en ella? ¿Cómo desea que esta persona le recuerde? Cuando usted se expresa en los lugares que frecuenta, ¿qué dicen de usted sus palabras? ¿Qué dice de usted su forma de vestir y arreglarse? Todos éstos son símbolos que comunican mensajes, positivos o negativos. ¿Qué mensajes sobre su persona desea llevar a los lugares, entidades y personas que seleccionó para focalizar sus esfuerzos o iniciativas de automercadeo? ¿Son consistentes con sus aspiraciones, planes y su visión de futuro?

**Precio**

Una vez el producto está listo para lanzarse al mercado, hay que asignarle precio. El monto del mismo dependerá de factores de oferta, demanda y características del producto, tales como: calidad, diferenciación en el mercado, valor para el consumidor, imagen de la marca, entre otros aspectos.

De manera similar necesita ponerle precio a sus talentos, habilidades y capacidades. ¿Cuánto valen sus actitudes, conocimientos, destrezas y demás capacidades humanas en el mercado de empleos? ¿Cuánto valen para su organización o su negocio? ¿Cuánto valen las aportaciones que usted es capaz de producir para la organización? Mientras mejores sean sus capacidades personales de producción de resultados para propósitos de su organización o negocio, mayor debe ser su compensación.

Pienso que esto es muy similar a lo que sucede con los atletas en el campo de los deportes. En el béisbol, por ejemplo, un jugador negocia su sueldo a base de su capacidad de producción y su potencial de juego. Aquellos jugadores que tienen un historial superior de carreras producidas, jonrones conectados, juegos ganados, etc., consiguen sueldos superiores a aquellos que tienen un historial de baja producción. Siguiendo con esta analogía, observe que los jugadores de mayores sueldos son aquellos que son consistentes en su producción de juego y rigurosos en su entrenamiento. ¡Y cómo cuidan su condición física y mental y su capacidad de producción! La razón es obvia. En ello se juegan su presente y su futuro.

En su caso, igualmente el precio que le asigne a su historial de logros, talentos y habilidades, dependerá de factores de oferta y demanda, y su diferenciación de otros competidores que están optando por lo mismo que usted desea. A esos efectos, podrá aspirar a una magnífica compensación y beneficios, si tiene un impresionante historial de logros y posee una excelente "maleta" de actitudes, destrezas y conocimientos (capacidad de producción). Esto puede ser mediante la negociación de un mejor sueldo, si es que trabaja para una organización, o mejores ganancias, si es que tiene su propio negocio.

Observe que la realización de su plan de desarrollo de capacidades, el cual hizo como parte de los ejercicios de la estrategia 3, es su vehículo para cultivar y aumentar sus capacidades de producción. La ejecución a cabalidad de su plan de desarrollo le permitirá crear una ventaja competitiva al diferenciarse de manera única en los escenarios que usted seleccionó para automercadearse. Esto le permitirá optar por una compensación y unos beneficios superiores a cambio de su aporte de capacidades a la organización o negocio donde decida trabajar.

> "Cuando me preparo para persuadir a un hombre, dedico la tercera parte del tiempo a pensar en mí mismo, lo que habré de decirle y los otros dos tercios a pensar en él y en lo que me dirá".
>
> —*Abraham Lincoln*

## Canales de distribución

Cuando se trata de productos comerciales, la empresa selecciona estratégicamente los medios a través de los cuales hará llegar sus productos a los consumidores. Éstos pueden ser a través de un sistema de tiendas en centros comerciales, almacenes convenientemente localizados en diferentes puntos geográficos, redes de distribuidores, Internet, entre otros.

Igualmente, usted deberá buscar alguna manera creativa de colocar a la disposición de las personas o entidades que deseen su producto. Que no es otra cosa, que sus capacidades humanas, sus destrezas, conocimientos, habilidades especiales y potencial para producir valor para beneficio de otros. Usted puede colocar sus capacidades humanas y su potencial de producción (su producto) a la disposición de las personas o entidades en cuestión, mediante su presencia física en determinadas instalaciones especialmente diseñadas para tales fines, y en determinados lugares estratégicamente seleccionados. También, puede hacerlo en forma virtual a través de una página electrónica en Internet, o mediante cualquier otro medio similar que sea conveniente para las personas o entidades a quiénes usted desea poner en conocimiento de sus capacidades y potencial de producción.

Un corredor de bienes raíces, por ejemplo, puede ofrecer sus capacidades humanas y todo lo que es capaz de hacer por las personas o entidades interesadas en una o más instalaciones físicas. Pero también, puede hacerlo a través del Internet o utilizando una combinación de ambos. Además, puede crear una red de personas para hacer llegar la información sobre sus capacidades y servicios a clientes potenciales en diferentes puntos geográficos o territorios.

En su caso particular, usted debe incluir en su plan de automercadeo algunas formas creativas de hacer llegar la información relacionada a sus capacidades y su potencial de añadir valor a las personas que haya identificado como importantes para el logro de su visión de futuro. Por ejemplo, si desea crear una página electrónica en Internet, la misma puede contener información sobre aquello que usted es capaz de hacer con maestría. También, puede incluir información sobre su peritaje o destrezas especializadas, su historial de logros, preparación académica o proyectos especiales que le merecieran algún tipo de reconocimiento. Es muy importante que la información que ofrezca sea relevante y articulada para fines del logro de los objetivos o resultados que usted desea alcanzar conforme a su visión de futuro.

**Promoción**

En el mundo de los negocios reconocemos que una empresa puede tener el mejor producto, al mejor precio, estar disponible en los lugares correctos; pero si no se le hace la promoción necesaria, no se vende. Por eso existen las agencias publicitarias y las empresas tienen programas abarcadores de promoción de sus productos.

De igual manera, es necesario que usted prepare su propio programa de promoción como parte su plan de automercadeo.

Sin embargo, lo primero que necesita hacer es definir cómo desea posicionarse. Es decir, ¿cómo desea que las personas con quien interactúe le recuerden? ¿Qué opinión desea que ellos se formen de usted? ¿Cómo quiere lucir ante las personas o entidades que son claves para el logro de su visión de futuro? Seguramente desea que le vean como realmente usted es: una persona de valores, confiable, segura de sí misma, que sabe lo quiere y que es muy capaz en todo lo que hace y que produce buenos resultados. Esto es básico para que otras personas quieran ayudarle a lograr su visión de futuro, y es la base de su programa de promoción.

Su programa de promoción debe contener una serie de actividades bien articuladas y alineadas con su definición de cómo usted quiere posicionarse ante las personas y entidades que son claves para el logro de su visión. A tales fines, tome en consideración las siguientes ideas:

1. Hable continuamente, en lugares estratégicamente seleccionados y a personas claves, sobre sus metas, anhelos, logros y capacidades. Hágalo con asertividad, humildad, prudencia y en forma consistente con la imagen que desea proyectar de sí mismo. No tema hablar de sus aspiraciones, sus planes, sus sueños y sus habilidades. Las palabras tienen una fuerza increíble para convertir lo que pensamos y anhelamos en realidad. Recuerde que toda creación antes de ser una realidad, fue primero una idea, un pensamiento. Somos realmente lo que pensamos. Declare su deseo al universo y observe como el universo en algún momento se lo dará convertido en realidad.

2. Aproveche al máximo sus contactos personales, las organizaciones y actividades que frecuenta. Comparta con las personas que conoce, y que puedan ayudarle, las metas que desea lograr, los retos que tiene que superar, las capacidades que posee y los planes que tiene para lograr sus objetivos. Aproveche las oportunidades para solicitar el apoyo que sea necesario de estas personas. Recuerde que estas oportunidades pueden surgir en cualquier momento, en cualquier lugar o actividad que frecuente. Ejemplos de esto son la organización donde trabaja, las reuniones de su iglesia, los seminarios en que participa, las actividades del gimnasio y las asociaciones profesionales.

3. Identifique una o más personas que le sirvan de mentor para fines de su desarrollo personal y profesional y el logro de su visión de futuro. Esta persona tendrá el papel de escucharle, ofrecerle ideas, ayudarle a pensar estratégicamente, aportar en la búsqueda de soluciones a situaciones complejas y a conectarle con otras personas que puedan ayudarle a lograr sus objetivos. Por lo tanto, esta persona debe ser una persona de confianza extrema, la cual

debe ser seleccionada cuidadosamente utilizando unos criterios que usted establezca previamente para tales fines. Por ejemplo, esos criterios podrían incluir el que la persona tenga cualificaciones como las siguientes:

a. Preparación académica, peritaje y experiencia en áreas que complementen las suyas considerando el tipo de mentoría que usted necesita.

b. Probada rectitud, honestidad e integridad.

c. Historial de logros en el plano personal y profesional.

d. Estilos de comportamientos afines y complementarios con los suyos.

e. Disponibilidad de tiempo para ofrecerle la mentoría.

f. Accesibilidad a personas influyentes en lugares importantes para el logro de sus metas.

g. Buenas destrezas para visualizar, intuir, escuchar, comunicar y dar retroinformación.

4. Establezca una red de apoyo. Esta deberá estar compuesta por personas que en determinados momentos puedan ayudarle a lograr sus objetivos y que usted igualmente, pueda contribuir a que ellas logren los suyos. Por ejemplo, si usted tiene como meta desarrollar su negocio propio y lograr una mayor penetración en determinados nichos de mercado, su red de apoyo es crucial. Ésta podría estar compuesta por personas que tengan negocios complementarios al suyo. Los mismos también podrían aumentar sus ventas como resultado de la alianza. A modo de ilustración, tomemos el caso de un distribuidor de automóviles que desea ampliar sus negocios en una nueva región del país. El dueño del negocio de automóviles podría formar una red de apoyo compuesta por personas del campo de los seguros, instituciones financieras, sistemas de alarmas y otras similares. Esto permitiría que unos y otros se hagan referidos de negocios, se transfieran información y obtengan beneficios mutuos.

5. Consiga una persona que le sirva de coach durante su proceso

de desarrollo de los planes de acción que hizo para alcanzar su visión de futuro. Esta persona, a diferencia del mentor, le proveerá herramientas y metodologías concretas para resolver o superar situaciones complejas que están fuera del alcance de su peritaje. Por ejemplo, si su visión de futuro y sus planes incluyen el establecimiento de un negocio propio, y su peritaje es en ingeniería, usted podría conseguir un coach que tenga peritaje y experiencia en mercadeo. Esta persona le ayudaría a superar situaciones de su negocio que requieran conocimientos de mercadeo.

6. Utilice diferentes medios de comunicación para darse a conocer. Estos medios pueden incluir boletines informativos, cartas circulares, página electrónica en Internet, periódicos, radio y televisión. Por ejemplo, usted podría conseguir que algún periódico le publique artículos sobre temas de su especialidad, conseguir entrevistas en algún programa radial o de televisión, o crear una página electrónica en Internet. En este caso, es muy importante que defina con anterioridad los mensajes específicos que desea llevar a su audiencia y que sea consistente en la transmisión de los mismos en los diferentes medios de comunicación que utilice.

---

> "El mejor momento para hacer amigos es antes de necesitarlos".
>
> — *Ethel Barrymore* —

## Hágase cargo del desarrollo de su carrera

La carrera de una persona, no importa el campo que sea, es tan importante que no puede dejarse en manos de otros. Mucho menos, puede descansar en que la organización para la cual trabaja reconozca su buen trabajo y le premie con algún puesto de mejor compensación y beneficios. Hacerse cargo del desarrollo exitoso de su carrera significa que usted, y no su organización u otras personas, asumirá total responsabilidad por los resultados, éxitos y tropiezos que tenga en su proceso de avance hacia la culminación de su carrera.

El hacerse cargo de su carrera significa que usted deberá tomar ciertas decisiones y examinar algunos de sus actuales paradigmas o creencias con respecto al desarrollo de la carrera. En ese proceso, preguntas como las siguientes deberán ser analizadas y contestadas teniendo como marco de referencia su visión de futuro.

1. ¿Desea quedarse en su mismo puesto y desarrollarse al máximo en él?

2. ¿Desea desarrollarse para ocupar algún otro puesto en su misma organización?

3. ¿Desea hacer algo similar a lo que ahora hace, pero en otra organización o industria?

4. ¿Desea hacer algo totalmente diferente, como cambiar de profesión u ocupación, y moverse a algún otro escenario?

Éstas son algunas de las interrogantes que debe resolver como paso inicial para la preparación de su plan de desarrollo de carrera. Encontrar respuesta a este tipo de preguntas le ayudará a definir su futuro en lo relativo a su carrera profesional u ocupación. Por supuesto, en su proceso de análisis, tome en cuenta que su desarrollo de carrera puede ser también lateral. En las organizaciones de hoy, las cuales se "achatan" cada vez más, las oportunidades de ascenso son limitadas. Por lo tanto, sus oportunidades de desarrollo de carrera se ampliarán conforme usted se abra a posibilidades de progreso que incluyan otras opciones que no sean los ascensos a puestos de mayor jerarquía. Estas otras opciones incluyen el promoverse en su propio puesto, moverse lateralmente o hacerse cargo de proyectos de mucho impacto en la organización.

## Factores a considerar al definir el futuro de su carrera

Cada una de opciones anteriores, tiene sus pros y contras, lo cual debe ponderar como parte de su proceso de definición de futuro de su carrera. Una de las consideraciones más importantes en este proceso es su disposición a comprometer tiempo, talento y tesoro para fines de las opciones que usted seleccione. Por ejemplo, si está considerando culminar su carrera ascendiendo a algún puesto tope en su organización, será beneficioso que pondere varios factores antes de tomar una decisión final. Por ejemplo:

**1. Tiempo disponible para su vida privada versus tiempo requerido para su trabajo**

Considere que a medida que usted ascienda en la jerarquía organizacional o asuma proyectos de mayor complejidad e impacto organizacional, las exigencias de tiempo de sus nuevas responsabilidades serán cada vez mayores. Esto necesariamente conlleva una redistribución de su tiempo entre sus roles personales y sus roles profesionales. Por lo tanto, es necesario que se pregunte cómo esta nueva distribución de tiempo afectará su vida personal. ¿Tendrá el balance necesario para atender adecuadamente sus necesidades personales y cumplir con sus obligaciones profesionales? Si ocurriese un desbalance, ¿está su familia dispuesta a apoyarle en el proceso de desarrollo de su carrera? ¿Tiene sentido para usted realizar todo estos esfuerzos?

**2. Presión por resultados en períodos cortos de tiempo**

Las organizaciones están forzadas a lograr resultados retantes en poco tiempo. El mercado y la competencia no esperan. Se trata de la sobrevivencia del más apto. Aquellas organizaciones que rápidamente identifiquen las necesidades de los consumidores, diseñen, lancen sus productos al mercado y logren la satisfacción de sus clientes son las llamadas a sobrevivir en estos nuevos mercados. Por lo tanto, esta presión competitiva pasa directo a los empleados que componen la organización. Cada persona en la organización tiene que producir resultados de calidad y en poco tiempo. Por supuesto, a medida que las personas ascienden a puestos superiores o se mueven a puestos laterales de mayor responsabilidad, mayores son las presiones por resultados de gran impacto y mayores las exigencias de rapidez en producirlos. Esto, naturalmente, creará una gran presión sobre su disponibilidad de tiempo para fines personales.

Ante estas realidades organizacionales, ¿está usted dispuesto a prepararse y lanzarse a la búsqueda de una plaza superior como parte del desarrollo de su carrera? ¿Se sentiría cómodo en este tipo de escenario? ¿Tendrá el apoyo de su familia para tales fines?

### 3. Presión por cambios

Los cambios organizacionales se suceden unos a otros día tras día. La dinámica que rodea a las organizaciones en los mercados en que compiten fuerza a las organizaciones a realizar cambios continuos para ajustarse y operar efectivamente en los mismos. Además, las organizaciones generan cambios por iniciativa propia como parte de sus procesos internos de mejoramiento. Todo esto junto hace que las organizaciones de hoy estén en una continua ebullición de cambios. En este escenario, los empleados tienen la exigencia de no sólo adaptarse al cambio; sino promover y generar cambios y crear valor a través del trabajo que realizan. Esta exigencia y las presiones asociadas con ella incrementan de manera exponencial según se asciende en la ladera corporativa.

Ante esta realidad, ¿está dispuesto a manejar las presiones de los cambios?

¿Puede usted convertirse en promotor o agente de cambios organizacionales? ¿Se siente cómodo en ambientes de cambios e incertidumbre?

### 4. Presión por autosuficiencia

Las restructuraciones organizacionales han reducido al mínimo los niveles organizacionales. Como consecuencia, el número de empleados que usualmente supervisa un gerente promedio es cada vez mayor. Esta realidad obliga al gerente a exigir a sus supervisados una mayor autosuficiencia en su desempeño. De esta manera, el gerente puede supervisar un mayor número de empleados y continuar atendiendo adecuadamente sus otros roles y responsabilidades. Esto crea en el gerente la presión de administrar efectivamente su tiempo y sus recursos. En el empleado se crea a su vez la presión de ser lo más autosuficiente posible. Como puede imaginar, esto es más fácil decirlo que hacerlo. Pero ésta es la realidad que tanto el gerente promedio y sus supervisados tienen que enfrentar y superar.

Considerando esta realidad, ¿siente que podría cumplir con estas exigencias organizacionales al moverse a posiciones de mayor responsabilidad? ¿Está dispuesto a prepararse y enfrentar los retos antes indicados? ¿Cree que podría disfrutar su quehacer en este nuevo escenario?

Lo anterior son sólo algunas de las interrogantes que debe contestar en su proceso de definir el norte de su carrera profesional. Seguramente a usted le surgirán otras interrogantes según se adentre en su proceso de análisis y ponderación de opciones a su disposición. Lo importante es que no subestime este proceso inicial de reflexión y definición de lo que realmente desea hacer con su carrera.

> "Si trabajas con ahínco durante ocho horas diarias, llegarás a convertirte en jefe y entonces trabajarás doce horas cada día".
> — *Robert Frost*

## Estrategias para desarrollar su carrera

### Utilice un mentor

En el libro Be your own mentor, su autora Sheila Ellington, señala que los mentores son más importantes para el éxito en una carrera que el trabajo arduo, el talento y la inteligencia. Según ella, esto se debe a que para el desarrollo exitoso de su carrera, la persona necesita aprender a funcionar en el mundo del trabajo, ya sea en una corporación, una firma de servicios profesionales, el gobierno o una institución sin fines de lucro. El mentor es una persona confiable y experimentada en el mundo del trabajo y el comportamiento de las organizaciones, la cual puede ofrecer retroinformación y guía a una persona para fines del desarrollo de su carrera.

El mentor es la persona que tiene las competencias, experiencia, sabiduría y contactos que usted necesita para moverse en la organización y tocar las puertas que hay que tocar para lograr el adelanto que desea en su carrera. Es también la persona que le asesora para superar retos y resolver situaciones difíciles dentro del contexto de la cultura de su organización. El mentor también le puede ayudar a revisar periódicamente su plan de carrera, evaluar su progreso y darle sugerencias para mejorar y acelerar su proceso de desarrollo.

Dada la importancia del proceso de mentoría, considero que el mismo debe estructurarse con toda la formalidad necesaria para que no sea algo que se hace al azar o cuando el tiempo lo permita. Conseguir un mentor cualificado es una tarea ardua. Por lo tanto, una forma de optimizar su uso es formalizando el proceso de mentoría.

> **"La sabiduría es la recompensa que se obtiene por haber escuchado durante toda la vida, cuando uno hubiera preferido hablar".**
>
> — *Dough Larson* —

### Aumente su credibilidad

Una manera de aumentar su credibilidad es consiguiendo y desarrollando proyectos e iniciativas que contribuyan significativamente a lograr algún objetivo de negocio de su organización o solucionar alguna situación operacional de mucho impacto. Por ejemplo, hay personas que se han focalizado en producir resultados desarrollando proyectos organizacionales que originan grandes sumas de dinero o lanzando un producto nuevo de mucho potencial.

Un participante de uno de nuestros procesos de consultoría solía decir que él estaba en continua casería de proyectos importantes que nadie en su organización quería hacer. Él veía este tipo de proyectos como oportunidades de demostrar sus habilidades y desarrollarse al mismo tiempo. Además, es una forma de ganar visibilidad y credibilidad.

Otra forma de ganar credibilidad es desarrollando un peritaje especial y único en algún área funcional de su organización. Esto le permitirá aportar de manera especial y única a la creación de ventajas competitivas para su organización. Un ejemplo de esto podría ser el desarrollo de una especialidad en comercio electrónico. Este conocimiento podría poner a la persona en un puesto único de desarrollar aplicaciones de mercadeo y ventas utilizando tecnología de Internet.

En uno u otro caso, su credibilidad aumentará en la medida que demuestre con hechos, datos y resultados que usted es una persona altamente competente y centrada en valores. Esto significa que, además de producir resultados de impacto para su organización, usted es una persona confiable al demostrar consistencia en todo lo que piensa, siente, dice y hace.

> "Haz que tus acciones concuerden con tus palabras
> y las palabras con tus acciones".
>
> — *William Shakespeare* —

**Converse con su superior sobre el desarrollo de su carrera**

En la realidad del mundo del trabajo hay cuando menos tres (3) tipos de directivos:

1. Los dispuestos y comprometidos con el desarrollo del potencial de sus supervisados. Estos son los que actúan como mentores o coaches, especialmente para aquellos supervisados que son talentosos.
2. Los neutrales. Son aquellos que no toman ningún tipo de iniciativa

para apoyar o dar coaching a sus supervisados. Son meros espectadores del desarrollo de carrera de sus supervisados. Claro, tampoco obstaculizan las iniciativas de desarrollo.

3. Los bloqueadores de carrera. Son los que consideran amenazante el desarrollo de carrera de sus supervisados. Aunque inverosímil, estos directores llegan al extremo de obstaculizar el desarrollo y progreso de sus supervisados.

Aunque sea difícil sentarse a conversar de su carrera con su superior, es necesario que lo haga. Las siguientes sugerencias pueden servirle de guía para facilitar el proceso de conversación:

1. Establezca una relación con su superior centrada en valores. Aproveche cada oportunidad para demostrar cuán íntegro y confiable es usted. La confiabilidad la podrá lograr cumpliendo a cabalidad con lo prometido, produciendo buenos resultados para su unidad de trabajo en el tiempo establecido y comportándose consistentemente conforme a sus valores y los establecidos por la organización.

2. Converse con su superior sobre sus planes de desarrollo de competencias, su visión de futuro y su plan de desarrollo de carrera. Indíquele que necesita su apoyo, guía, mentoría y coaching para lograr sus objetivos. Sea específico en cuanto al apoyo que le solicite.

3. Si su superior reacciona negativamente o no se interesa en ayudarle, procure aprender lo más posible de la experiencia, adquiera los mayores conocimientos posibles y haga planes para moverse a otro lugar que sea propicio para su desarrollo. No permita que su superior lo fosilice en su puesto.

4. Si su superior responde positivamente, procure lograr un acuerdo ganar-ganar que formalice el proceso de mentoría, coaching, adiestramiento y desarrollo que usted recibirá de su superior. Igualmente, el acuerdo debe establecer los resultados que usted se compromete a entregar a cambio de ese apoyo.

5. Mantenga informado en todo momento a su superior sobre sus iniciativas y el progreso alcanzado en sus planes de desarrollo. Bajo ninguna circunstancia permita que su superior sea sorprendido por algo que usted hizo o dejó de hacer como parte del acuerdo de desarrollo.

> "El hombre debe vivir con sus superiores como lo hace con el fuego; ni demasiado cerca, para no quemarse, ni demasiado lejos, para no congelarse".
>
> *Drogenses*

**Conozca el negocio y la industria al que pertenece su organización**
Es importante para su desarrollo de carrera el que usted se relacione efectivamente con ejecutivos de diferentes niveles y áreas de negocios de su organización. Incluso, con ejecutivos de otras empresas de su industria, clientes y proveedores. En todos estos encuentros surgen oportunidades que podrían ser relevantes para sus aspiraciones. Recuerde que usted desea crear una buena impresión sobre su persona y sus capacidades cada vez que interactúa con esos ejecutivos.

Hay varias formas de crear esa buena impresión que usted desea. Una de ellas es demostrar sin lugar a dudas que usted posee un excelente conocimiento de la industria a la que pertenece su organización y de los negocios a que se dedica la misma. Esto requiere que comprenda los asuntos, tendencias, retos, oportunidades, factores de mercado y las disposiciones regulatorias que caracterizan a la industria. En lo relativo a su organización, debe conocer sus productos, servicios, competidores principales, retos y amenazas del mercado y aspectos operacionales importantes de todas las unidades organizacionales.

**Aproveche cada oportunidad para autodesarrollarse**
Cada iniciativa, proyecto o actividad que usted desarrolle tiene infinidad de oportunidades para aprender y desarrollarse. No dependa de que su

organización le provea el adiestramiento y desarrollo que usted necesita. Asuma responsabilidad por su propio aprendizaje y desarrollo. Cada vez que sufra un fracaso o traspiés, pregúntese, ¿qué tengo que aprender de esta experiencia? Cuando consiga un nuevo proyecto para desarrollar, haga investigación, pregunte y recopile información sobre aquellas áreas que son nuevas o que no domina en su totalidad. Forme una red o grupo de aprendizaje y desarrollo, programe reuniones periódicas con una agenda formal de aprendizaje. Las reuniones pueden programarse convenientemente para no interferir con los horarios de trabajo.

> "Hace sesenta años yo lo sabía todo; ahora no sé nada. Aprender es el descubrimiento progresivo de nuestra propia ignorancia".
> — *Will Durant*

### Esté alerta a las oportunidades

Las oportunidades para el desarrollo de su carrera están presentes en todos los lugares que usted frecuenta. Estos pueden ser reuniones departamentales, reuniones de equipos de trabajo, actividades de empleados, eventos deportivos. En cualquiera de ellos usted podría enterarse de alguna oportunidad que esté alineada con su plan de desarrollo de carrera. Igualmente, las publicaciones internas de plazas podrían contener oportunidades de desarrollo de carrera. De modo, que esté continuamente alerta a esos focos de oportunidad para capturarlas a tiempo para su beneficio.

### Desarrolle su propio estilo

Cada organización tiene su cultura muy particular. En este sentido, cultura se refiere a las creencias, valores, prácticas, hábitos o el uso y costumbre que impera en una organización. Es importante para una persona que decida desarrollar su carrera en su propia organización que conozca su cultura y se ajuste a la misma. Con esto quiero decir, que si en su organización el uso y costumbre es que los hombres vistan con gabán y corbata y las mujeres vistan con falda y chaqueta, no es conveniente que usted decida ir a su trabajo vestido con ropa casual. Tampoco sería propio que una mujer fuese vestida con pantalones y blusa.

Lo anteriormente dicho no impide que usted cree su propio estilo, uno que lo distinga, y al mismo tiempo evite choques con la cultura de la organización. De hecho, es recomendable que desarrolle su propio estilo, siempre y cuando sea consistente con la cultura organizacional. Con esto me refiero a que su forma de vestir, su manera de arreglarse y su estilo de presentarse e interactuar con los demás proyecte una imagen consistente con lo que quiere que vean y recuerden de usted. Si quiere destacarse por su profesionalismo, positivismo, rectitud y amabilidad, entonces su estilo debe proyectar esa imagen. Esta proyección, a su vez, debe ser consistente con lo que desea lograr en términos de su carrera profesional.

### Convénzase que usted lo puede lograr

Somos lo que pensamos que somos. Como dijo Walt Disney en cierta ocasión, "si puedes imaginarlo, puedes hacerlo". También, Mary Kay Ash dijo, "si crees que puedes, puedes; si crees que no puedes, tienes razón". Estos mensajes apoyan la idea de que una vez usted haga la creación mental y pueda ver en el horizonte su carrera culminada, su logro vendrá por añadidura. Para ello, será necesario que tome la decisión de culminar su carrera desarrollando el convencimiento de que ciertamente habrá de lograrlo. Esta determinación, luego, tiene que ser acompañada por la acción.

### Comparta con los demás lo que logre en su carrera

Hay un dicho que dice: "dando se recibe". En el proceso de culminación de su carrera usted recibirá mucha sabiduría, conocimientos, reconocimientos y recompensas. Esto es particularmente cierto con respecto al aporte que puedan haber hecho a su carrera sus mentores, colegas, familiares y demás personas que le hayan ayudado. En esta etapa usted ha ganado mucha sabiduría y experiencia sobre cómo desarrollar una carrera. Ahora es el momento de compartir con otras personas talentosas lo que ha aprendido y ganado en el proceso. Una forma de hacerlo es convirtiéndose en mentor, consejero o coach de alguna persona talentosa que necesite esa ayuda. Al así hacerlo, estará aportando a la realización del principio universal que establece que "dar y recibir es una misma cosa".

> "Podemos sobrevivir con lo que obtenemos,
> pero la verdadera vida nos viene de lo que damos".
>
> —*Norman Mac Ewan*—

## Reflexión final

Soy un fiel creyente de la idea de que el Creador, en su inmensa sabiduría, proveyó los medios necesarios para poner a nuestra disposición la abundancia que existe en el universo. Pienso que los seres humanos, al ser parte de su creación, tenemos una misión divina. Y esta misión exige que contribuyamos a adelantar la creación cumpliendo con los principios divinos que la rigen. Entre éstos se incluye la responsabilidad de todo ser humano de evolucionar, mejorarse, aportar y cooperar con el universo para que cada vez más haya abundancia y bienestar para todos los seres vivientes que habitamos este planeta.

Hay un dicho muy conocido que nos comunica la idea de que "no puedes dar aquello que no tienes". Conociendo cuán importante es "dar" en el orden divino, no es difícil entonces entender el por qué es necesario que el ser humano evolucione y se mejore continuamente en todas sus dimensiones: física, mental, emocional y espiritualmente. Soy de opinión, que en su día, Dios nos pedirá cuentas sobre lo que hayamos hecho con los talentos que nos dio. Siempre que escucho la parábola de los talentos (Mateo 25:14-30), me da la impresión de que es un recordatorio de la responsabilidad que tenemos los seres humanos de desarrollar y utilizar al máximo nuestros talentos en beneficio de los demás.

En esta parábola se cuenta de un hombre que yéndose lejos, llamó a sus siervos y les entregó sus bienes. A uno dio cinco talentos, a otro dos y a otro uno, a cada uno de acuerdo a su capacidad; y luego se fue lejos. Cada siervo puso sus talentos a producir, excepto uno, que por temor a su señor cavó en la tierra y escondió el talento que le había entregado su señor. Cuando éste regresó al cabo de los años, pidió cuentas a sus siervos sobre los talentos que les había dejado. Cada siervo entregó a su señor los talentos que les fueron dados, más las ganancias que obtuvieron al poner a producir los mismos. Uno de ellos, sin embargo, sólo entregó el talento que había recibido, sin ganancia alguna. Su explicación al señor fue: "señor, te conocía que eres hombre duro, que siegas donde no sembraste y recoges donde no esparciste; por lo cual tuve miedo, fui y escondí tu talento en la tierra; aquí tienes lo que es tuyo". La respuesta del señor fue: "siervo malo y negligente, sabías que siego donde no sembré y que recojo donde no esparcí. Por tanto, debías haber dado mi dinero a los banqueros y al venir yo, hubiera recibido lo que es mío con los intereses. Quitadle, pues, el talento, y dadlo al que tiene diez talentos. Porque al que tiene, le será dado, y tendrá más; y al que no tiene, aún lo que tiene le será quitado..."

Pienso, que el Creador tiene la expectativa de que desarrollemos y utilicemos al máximo nuestras destrezas y habilidades (talentos) en beneficio de la humanidad. La humanidad puede ser su compañero de trabajo, su vecino, su familia, su iglesia, su patrono o cualquier otro ente viviente que esté a su alcance y necesite. Para ello, sin embargo, es necesario comenzar por hacer un inventario de cuales son realmente nuestros talentos y tomar la decisión de desarrollarlos y utilizarlos al máximo para la realización de la misión que Dios nos dio en esta existencia. Es mi esperanza que este libro le ayude a descubrir o reafirmar sus talentos, definir su visión de futuro a la luz de su misión y tomar las iniciativas o acciones que tenga que tomar para cumplir con la misma. En la medida en que este libro le ayude a lograr este objetivo, habré cumplido, aunque sea en parte, con mi misión y con el mandato divino de contribuir con mis talentos al bienestar de los demás.